Aneurin

Aneurin

Hoffwn gyflwyno'r llyfr hwn i'r wyrion, Ifan a Tomos

Argraffiad cyntaf: 2007

⑭ Hawlfraint Aneurin Jones a'r Lolfa Cyf., 2007

Dymuna'r cyhoeddwyr gydnabod cymorth Cyngor Llyfrau Cymru.

Dylunydd: Robat Gruffudd

Rhif Llyfr Rhyngwladol:
clawr meddal 9 78184771 013 0
clawr caled 9 78184771 033 8

Cyhoeddwyd ac argraffwyd yng Nghymru
gan Y Lolfa Cyf;, Talybont, Ceredigion SY24 5ER;
gwefan www.ylolfa.com
ebost ylolfa@ylolfa.com
ffôn 01970 832 304
ffacs 01970 832 782

BYD Aneurin

hunangofiant mewn llun a gair

ANEURIN JONES

Magwraeth

"DAL WRTHO FE Idris!" gwaeddodd Willie Lewis Pentwyn wrth fy nhad. Roedd y ddau ohonynt wedi bod yn crynhoi'r merlod o ardal Llyn Y Fan a'r Mynydd Du ac wrthi ar iard Pwll Uchaf yn dethol yr ebolion i ffair Llandyfri. Yn y cynnwrf, ciciwyd fy nhad yn ei goes gan farch mynydd gwyn. Doedd dim diben gwylltu a chynhyrfu gan nad oedd yr un car yn y cwm yr adeg hynny, na ffôn ychwaith. Roedd y doctor agosaf ym Mhontsenni, ryw chwe milltir i ffwrdd, a chofiaf yn glir fy mam yn baddo coes fy nhad mewn padell o ddŵr oer. Dyna'r atgof cynharaf sydd gen i.

Er imi gael fy magu ym Mhwll Uchaf, mae'n debyg imi weld golau dydd am y tro cyntaf mewn ffermdy bychan o'r enw Bryn Merched. Mae Bryn Merched yn ffinio â'r Mynydd Du ym mhen uchaf Cwm Hydfer, plwyf Traean Glas, Sir Frycheiniog. Adfail yw'r tŷ bellach oherwydd i'r Comisiwn Coedwigaeth hawlio'r tir a oedd yn eiddo iddo.

Prin roeddwn i wedi cyrraedd fy nwyflwydd pan symudodd y teulu ar y gambo i fferm Pwll Uchaf, Cwm Wysg, rhyw bedair milltir i ffwrdd, ac yno y treuliais flynyddoedd fy mhlentyndod. Llwybr cart oedd yr unig ffordd a arweiniai at y tŷ. Doedd dim trydan, ac fe fydden ni'n cael dŵr o'r ffynnon led cae i ffwrdd. Rwy'n dal i glywed y tawelwch a'r dedwyddwch oedd o'n cwmpas yr adeg honno, gweld panorama'r cwm yn newid gyda'r tymhorau, ac afon Wysg yn llifo islaw.

Lle diarffordd yw Cwm Wysg – dyffryn cul, a bron y gallech chi siarad â chymydog ar draws y cwm am ei fod mor gul. Yr adeg honno, roedd yn ardal Gymraeg. Yn ysgol fach Aberpedwar roedd rhyw 36 o blant – y mwyafrif helaeth yn uniaith Gymraeg. Tua'r dwyrain, dair milltir i ffwrdd roedd y Saesneg yn frith, ac felly roedden ni fel rhyw boced fach o Gymreictod ar ymylon byd Saesneg ei iaith.

Roedd y gymdeithas yng Nghwm Wysg yn gymdeithas sefydlog, a'i gwreiddiau'n ymestyn yn ôl ganrifoedd lawer. Roedd amryw o'r teuluoedd yn medru dweud bod eu teulu nhw yn yr un cartref ers naw cenhedlaeth neu fwy.

◄ Ceffylau Gwyn
◄ ◄ To Coch

◀ ▲ Pwll Uchaf

Cynhaeaf

Pan oeddwn i'n grwt
roedd rhai pobol yng Nghwm
Wysg yn dal i ffermio ac i
fugeilio heb beiriannau, ac
oherwydd y tir llethrog roedd
defnydd helaeth o'r bladur yn
dal i gael ei wneud. Pobol â'u
gwreiddiau'n ddwfn yn y tir
oedden nhw, ac yn fy lluniau
rwy wedi ceisio cyfleu brwydr y
bobol hyn yn eu byw bob dydd.

Cefais fy magu felly ar sawl
ffin – y ffin ddaearyddol rhwng
ffermydd mynydd a'r ffermydd
breision ar lawr y dyffryn; y ffin
ieithyddol rhwng cymuned fach
ynysig a'r byd mawr Saesneg tu
hwnt; y ffin rhwng yr hen fyd a'r
oes fodern; y ffin rhwng cyfnod
y ceffyl a chyfnod y peiriant; y
ffin rhwng bywyd hamddenol
y gymdeithas glòs, gymdogol a
rhuthr y byd y tu allan.

Yn naturiol, yn yr ardal
fynyddig hon roedd cŵn defaid
yn rhan o fy mhlentyndod.

Pan oeddwn i'n grwt ifanc
roedd gyda fi gi o'r enw Larc a
oedd yn mynnu dod ar y beic

Bugail

Gyda Pegi a Larc

gyda fi pan fyddwn i'n mynd i bentref Trecastell. Roedd pobol y pentref yn gweld yr olygfa yn un ddoniol iawn – roedd dwy goes ôl y ci ar gyfrwy'r beic, y ddwy arall ar fy ysgwyddau, a'r cwt yn chwifio'n fodlon. Doedd dim angen i fi gyfarch neb gan fod y ci'n gwneud hynny ar fy rhan! Y ci wedyn fyddai'n gwarchod y beic tra byddwn i yn y siop. Rwy'n siŵr y gallai'r ci fod wedi gwneud bywoliaeth fras mewn unrhyw syrcas!

Roeddwn i am groesi afon Wysg un tro, ond ar y diwrnod arbennig hwnnw roedd llif cryf yn yr afon, neu 'lif coch' fel y'i gelwid yn yr ardal. Wrth i fi neidio o un garreg i'r llall ar draws yr afon a Larc gyda fi, fe lithrais i mewn i'r dŵr ac roeddwn yn cael fy ngharioio gyda'r llif. Cymaint oedd grym y llif nes y cefais fy sgubo fel mellten yn y dŵr coch, a braidd y gallwn i anadlu. Roeddwn yn mynd yn llai ymwybodol nes ynghanol yr argyfwng teimlais rywbeth yn fy ngwthio tua'r lan, a hynny'n ddigon i mi allu cydio mewn cangen. Larc oedd yr achubwr. Tynnais fy hun a'r ci i'r geulan a gorwedd yno gan anadlu'n drwm. Daeth rhyddhad anhygoel dros y ddau ohonom.

Treialon

Yr adeg honno, doedd y ffermwyr ddim am weld ci yn y tŷ. Pe bai ci'n mentro i'r tŷ byddai'r ffermwr yn curo'i ddwylo i'w yrru allan. Felly, ymhen amser, byddai'r ci'n cysylltu'r curo dwylo gyda cherydd. Fe gafodd hyn ganlyniad anffodus un tro pan oeddwn i'n cystadlu mewn treialon cŵn defaid ar fferm gyfagos. Roedd Larc wedi gweld y cŵn eraill wrthi ac wedi deall beth oedd pwrpas y treialon. Fe wnaeth Larc ei waith yn ardderchog a gyrru'r defaid drwy'r adwyau a'r clwydi nes dod at y gorlan ar ddiwedd y cwrs. Roedd yn berfformiad rhyfeddol gan gi nad oedd wedi gwneud hynny o'r blaen ac yn naturiol dyma'r dorf sylweddol yno'n dechrau curo eu dwylo. Y canlyniad oedd i Larc, druan, ddychryn a rhedeg adref fel golau. Dyna'r profiad cyntaf a'r olaf a gefais fel pencampwr cŵn defaid!

Gwerthodd 'nhad Larc i ffermwr o Ystradfellte gan fod nifer y cŵn defaid ar y fferm wedi

Gwawrnosi

Aneurin-

Gwanwyn

Partneriaid

cynyddu'n ormodol. Roedd wedi dweud wrth y perchennog newydd y gallai gasglu'r ci o efail y gof ym Mhontsenni, a'r dasg dorcalonnus a gefais i oedd mynd â Larc, fy nghyfaill pennaf, y chwe milltir i'r pentref. Wedi cyrraedd yr efail, clymais Larc wrth bostyn a ffarwelio.

Wedyn fe es i i gasglu pâr o esgidiau yn siop y crydd, dafliad carreg dda i lawr y ffordd. Wrth eistedd yn siarad gyda'r crydd, clywais Larc yn ubain, ac fe geisiais i esgus nad oeddwn yn ei glywed, ond yn y diwedd fe aeth yn drech na fi, a'r peth nesa rwy'n ei gofio yw tynnu Larc yn rhydd ac adref aeth y ddau gyfaill.

Byd o geffylau

ROEDD BYD FY mhlentyndod hefyd yn fyd o geffylau. Dyma ddiwedd cyfnod amaethu gyda'r ceffyl, a byddai pawb yn mynd o gwmpas ar gefn ceffyl. Mae fy lluniau'n llawn o geffylau – ceffylau gwyllt, egnïol, cryf. I fi mae'r ceffyl yn symbol o ryddid yr hen fywyd gwledig, hamddenol cyn dyfod byd y peiriant.

Roedd 'nhad yn hoff iawn o geffylau, ond ei arbenigedd oedd y ferlen fynydd, ac roedd y diddordeb yma'n estyn yn ôl o leiaf at ei dad-cu, Joseff Jones. Mae'r diddordeb hwnnw wedi para am bum cenhedlaeth ac yn parhau i'r chweched. Ei lythrennau ef – J J – yw'r nod sydd ar y defaid a'r merlod hyd heddiw ac yn rhan annatod o fferm Pwll Isaf, Cwm Wysg.

Bois y cobs

◀ Rhuban coch
▼ Ponis mynydd

Mae hen hanes am fridio cobiau Cymreig yng Nghwm Wysg a'r cyffiniau. Un o'r cobiau cyntaf y clywais i sôn amdano oedd 'Aberhenwen Fach' ar fferm o'r un enw sydd yng nghysgod argae'r gronfa ddŵr heddiw. Roedd 'Aberhenwen Fach' yn un o'r cobiau cyntaf i'w gofrestru ac yn eiddo i'r teulu George's ac mae eu tylwyth yn dal yn yr ardal.

Roedd 'nhad yn gyfeillgar â nifer o berchnogion y cobiau cynnar, ac roedd nifer o gobiau gorau'r cyfnod yn dod i'r Pwll yn eu tro. Hyd yn oed nawr, rwy'n gallu clywed sŵn y pedolau'n atseinio drwy'r cwm a'r gwahwrad (gweryrad) uchel yn eco ar hyd y ffordd. Roedd diwrnod dofi'r merlod gwyllt yn ddiwrnod mawr. Fe fydden ni, y plant, yn cael cynorthwyo drwy fynd lan i'r mynydd a

rhedeg ar eu hôl er mwyn eu cael nhw i mewn i'r iard. Doedden nhw erioed wedi bod yn unman ond ar y mynydd ac roedden nhw felly'n wyllt.

Byddai un cymydog arall yn dod draw'n gynnar yn y dydd ar gyfer dofi'r ceffylau. Pan oedd e'n ifanc, roedd e wedi cael cic gyda cheffyl, ac roedd ganddo dolc mawr yn ei dalcen. Fe fedrai e, drwy ei nerth corfforol, ddal wrth y march mwyaf gwyllt a'i ddofi.

Ffordd fwy tyner oedd gan 'nhad o drin ceffylau. Pan fyddai 'nhad wedi dofi rhai o'r ceffylau fe fyddai'n mynd i mewn atyn nhw ac yn siarad â nhw. Ond pan fydden ni'r plant yn mynd i mewn bydden nhw'n neidio'n wyllt dros y lle i gyd. Roedd ofn y ceffylau arnon ni, ac fe fedren nhw synhwyro'r ofn hwnnw.

Roedd yna bobol eraill o'r ardal yn dod i brynu'r meirch mynydd. Weithiau fe fyddai un neu ddau'n dod â'u meibion gyda nhw, ac ambell un ohonyn nhw'n ymddwyn fel cowboi mewn rodeo yn y Gorllewin Gwyllt. Fe fyddai bachgen mentrus yn rhoi rheffyn am ben y ceffyl ac yn gweiddi arnon ni blant, "Agorwch y drws!" ac yna fe fyddai'r ceffyl gwyllt yn tasgu mas a'r marchog yn hongian ar ei gefn.

Pan oeddwn i'n grwt profiad arbennig fyddai mynd i ffair Aberhonddu. Roedd ugeiniau o ferlod mynydd gwyllt iawn yn dod yno, ac roeddwn i'n teimlo'n gynhyrfus iawn wrth eu gweld. Golygfa gyffrous oedd gweld y merlod mynydd a'u hebolion yn dod i lawr o Fynydd Epynt i'r heol ar bwys y bont yn Aberhonddu. Doedd dim clwydi i'w dal nhw, dim ond dynion â'u breichiau fel melinau gwynt yn cadw rhyw fath o drefn arnyn nhw er mwyn i'r darpar brynwyr gael golwg ar y merlod. Merlod brown blewog oedden nhw bron i gyd gydag ambell farch mynydd yn edrych am ddihangfa nôl i Epynt.

Tua milltir yr ochor arall i dre Aberhonddu roedd gwahanol fath o geffylau – ceffylau mawr, trwm. Fan hyn roedd y stalwyni, y meirch trwm gyda'r carnau mawr a'r

▲ Meirch
Crys Gwyn ▶

pedolau'n tasgu ar yr heol. Rhyfeddod i grwt wyth mlwydd oed oedd gweld ceffyl gwedd gyda gwar enfawr, talcen gwyn a choesau gwynion wedi'u gwisgo'n gain mewn rhubanau a bathodynnau amryliw. Galla i eu gweld nhw nawr yn cerdded yn fonheddig araf gyda'r camau mawr, a daliaf i glywed atsain eu pedolau o hyd.

Fe es i a fy nghyfaill, Wil Pencae, i'r sinema y prynhawn hwnnw i weld ffilm gowboi. Roedd y golygfeydd a welais y bore hwnnw yn dal yn fyw yn fy nghof, pan yn sydyn daeth *stampede* o geffylau cynddeiriog drwy'r sgrin. Am eiliad aeth realiti a byd y ffilm yn un ac ymhen tipyn gwelwyd fi a Wil yn codi'n ofnus o'r llawr o dan y sedd.

Mae rhyw hud arbennig mewn ceffyl gwyn ac yn rhyfedd iawn rwy wedi cael llawer profiad rhyfedd gyda nhw.

Un prynhawn Sul o haf pan oedd y teulu yn yn y tŷ, gwelodd fy mrawd, Gron a fi ddyn ar gefn ceffyl gwyn yn mynd heibio'r ffenest. Roedden ni ar ganol pryd bwyd, fy mrawd yn eistedd wrth un ochr y ford, a minnau'r ochr arall, a dyma ni ar yr un pryd yn gweld yr un peth – sef dyn ar geffyl gwyn yn mynd heibio i'r ffenest. Tua deuddeg oed oeddwn i a Gron tua deg. Safodd y ddau ohonon ni ar ein traed a rhedeg mas ar unwaith. Doedd neb ar gyfyl y lle. Ond rwy'n gallu dal i weld y marchog nawr.

Un noson pan oedd fy nhad a'i ffrind, Willie Lewis yn dychwelyd adref o sêl fferm yn Llanddeusant cawsant brofiad arallfydol. Roedd y ddau yn brochgáu merlod gwyn, ac ar war y mynydd safodd y ddwy ferlen wen yn stond. Roedden nhw'n methu â'u cael i symud cam. Roedden

◄ Sgwrs Hydrefol
March Talsarn ►

nhw'n fwrlwm o chwys, ac er eu hannog a'u hannog, doedd dim symud arnyn nhw. Doedd 'nhad na Willie Lewis ddim yn gallu deall y peth o gwbwl – ta beth fydden nhw'n ei wneud wnâi'r ddwy gaseg ddim symud. Yna, o'r diwedd, fel pe bai rhyw rwystr anweledig wedi cael ei godi, ymlaen yr aeth y ddwy gaseg am Gwm Wysg.

Mae rhywbeth cyfriniol yn perthyn i'r ceffyl gwyn. Dro arall roedd Tudor fy mrawd, Meirion y mab, a fi wedi mynd i ymweld â Llanileu Court yn Nhalgarth. Fe aethon ni i'r hen eglwys lle claddwyd nifer o'n cyndeidiau, ac wrth gerdded drwy'r fynwent yn ôl at y car, dyma farch gwyn yn dod i'n cyfarch. Ddywedodd ddim un ohonon ni yr un gair, a dyma'r march yn ein dilyn ni yn ôl bob cam i'r car, fel pe bai'n ein hebrwng oddi yno.

◀ Rhedwr
Y march cynddeiriog ▶

ROEDD AFON WYSG yn hollbresennol yn ein bywydau.

Mae afon yn felltith ac yn fendith. Ar adegau, byddai'r gymdogaeth yn dod ynghyd i gronni'r afon er mwyn golchi'r defaid cyn y cneifio – peth braf oedd y peth brawdol hwnnw gan ei fod yn arddangos cynhesrwydd ac agosatrwydd y gymdeithas gydweithredol. Ar adeg dipio, golchi a chneifio defaid, byddai cŵn yr ardal yn crynhoi gyda'r ffermwyr, ac yna heb unrhyw rybudd, byddai terfysg dychrynllyd wrth i'r cŵn ymladd cyn i'r perchnogion eu tawelu.

Yn y gaeafau, potsian samwn oedd y peth mawr. Roedd herio'r awdurdodau'n draddodiad yn yr ardal. Rwy'n cofio'n dda am 'nhad yn dal samwn yn yr afon, yn sefyll hyd ei ganol yn y dŵr ganol gaeaf, a'r lamp a'r gaff gydag e. Byddai'n dod nôl i'r fferm wedyn yn hwyr y nos, a Mam yn gorfod ei helpu i gael ei grys bant o flaen y tân gan ei fod mor rhynllyd. Pa ryfedd iddo golli ei iechyd yn ddyn ifanc.

Roedd pawb yn gwybod yr hanes am Tomos Gwernwyddog yn potsian yn afon Wysg a thri beiliff yn ei herio yng ngolau'r lleuad. Aeth dau ohonyn nhw i mewn i'r afon i geisio ei ddal, a llwyddodd i ymdopi â'r ddau. Yn y cyfamser roedd y trydydd wedi codi pastwn ac wedi'i fwrw ar ei ben – o ganlyniad fe

Cymdogion

Aberhenwen

syrthiodd ar ei hyd yn y dŵr. Gadawyd ef yno. Ond, yn ffodus roedd brawd Tomos yn digwydd dod heibio ar ôl bod yn potsian yn uwch i fyny'r afon, a gwelodd y corff yn yr afon. Aeth ato a'i adfywio. Roedd Tomos yn ddyn nerthol a gwnaeth y stori amdano ef a'r beiliffs argraff fawr ar fy meddwl i mewn oedran cynnar iawn.

Un hynod ofalus rhag cael ei ddal oedd John Tŷ Canol. Byddai'n mynd am dro lan at yr afon ganol dydd i weld ble byddai samwn neu ddau 'yn claddu'. Ar ôl iddi dywyllu, byddai John yn cuddio yn y cwm gan wybod y byddai bechgyn lleol yn mynd i 'gerdded yr afon' gyda golau a gaff. Ar ôl i'r bechgyn ddal y samwn a'u dodi yn y cwdyn byddai John yn achub ar y cyfle ac yn torri plethwishgen ar ei ben-glin. Wrth glywed y sŵn, byddai'r potshwyr yn dianc am eu bywyd ac yn eu dychryn yn taflu'r sachau. Byddai John wedyn yn dod o'i guddfan ac yn cerdded adre â'r samwn yn saff yn y sach.

Er bod rhamant yn perthyn i'r afon a'r fro roedd yna ochr arall i bethau. Er bod yn well gen i ddathlu ochr DJ Williamsaidd y fro, mae'n anochel fod elfennau Caradoc Evansaidd yn y cwm, fel yn y ddynoliaeth gyfan.

Mae dywediad yn y wlad sy'n dweud mai ffiniau da sy'n gwneud cymdogion da ac yng nghyswllt ffin sawl fferm, yr afon a'i mympwyon oedd y tir terfyn. Gallai afon Wysg newid ei chwrs fel y mynnai, ac felly byddai tir yn cael ei golli gan un ffermwr ac yn cael ei ennill gan ffermwr arall. Dyna

oedd asgwrn y gynnen rhwng ffermydd Gwernwyddog a Gelligam. Pan fyddai'r afon yn ymyrryd â'r ffin byddai'r un oedd wedi colli tir yn mynd liw nos i adfer pethau yn ôl fel roedden nhw. Byddai'r cymydog arall yn gweld y lampau a'r noson ddilynol byddai ef a'i fab yn newid y ffin nôl eto. Roedd newid cwrs yr afon yn hen gweryl rhwng y ddau deulu yma ers dwy genhedlaeth. Ond diwedd y gân oedd i ferch a mab y ddau deulu ymserchu yn ei gilydd a phriodi.

I fi, serch hynny, hudoliaeth oedd yr afon. Yn yr hafau byddai glas y dorlan yn gwibio drwy'r coed, ac yn y gaeafau byddai cymdogion yn dod i'r aelwyd i sgwrsio am y byd a'i bethau. Wrth i'r noson fynd yn ei blaen byddai'r sgwrs yn troi fwyfwy at y goruwchnaturiol: adar corff, y toili, sawl cyhyraeth (ein gair ni am ddrychiolaeth neu ysbryd) nes bod y nos yn olau gan ganhwyllau corff.

Byddwn i a 'mrodyr yn gwrando o flaen y tân agored tan i'r straeon ddod i ben, ac yna byddai'r cymydog, Sam Llwynmeurig, y storïwr adnabyddus, fel arfer yn gofyn: "Nawr 'te, p'un o'r bechgyn 'ma sy'n fy hebrwng i heno?" – yn unol â thraddodiad y wlad o gydgerdded gyda chymydog hanner y ffordd i'w dŷ. Fel arfer, pont Wysg oedd yr hanner ffordd. Fe fydden ni'n hebrwng y cymydog at y bont ac oherwydd y straeon fe fydden ni, wedi'r ffarwelio, yn chwysu gan ofn er ei bod hi'n ganol gaeaf, a byddai pob coeden yn ddrychiolaeth a phob symudiad yn y berth yn arswyd byw!

Rwy'n cofio 'nhad yn dweud amdano'n hebrwng ei gyfaill Willie Pentwyn a'r ddau'n sgwrsio ar bont Wysg dan leuad lawn. Roedd ar fin ffarwelio â'i gyfaill pan gerddodd hen wraig heibio mewn dillad du, ac wrth iddi ddiflannu dywedodd y ddau wrth ei gilydd: "Jiw, hen wraig Ynys Fain oedd honna!" – gwraig a oedd yn ei bedd ers rhai blynyddoedd.

Un na fyddai mewn cyflwr i weld na Ladi Wen na chyhyraeth oedd gŵr bonheddig a oedd yn byw yn nes i lawr y dyffryn ac a fyddai'n brochgáu (ein gair ni am farchogaeth) ei gaseg yn gyson i'r Abercamlais Arms ym Mhontsenni. Byddai'n rhaid iddo groesi'r afon ar gefn ei geffyl i gyrraedd y dafarn, ac ar y ffordd draw roedd yn sobor a phopeth yn iawn. Roedd Price yn hoff o'i lased ac ar ôl i'r dafarn gau byddai'n rhaid iddo gael cynorthwy i fynd ar gefn y ferlen ac wedyn byddai hithau'n anelu am adre. Ond ar y ffordd nôl weithiau, ar ôl i'r llif godi, roedd croesi'r afon yn beryglus. Bryd hynny byddai ei deulu, ei wraig, y gwas a'r forwyn yn mynd i lawr at yr afon tua hanner milltir yn is i lawr na'r man croesi arferol – gan wybod y byddai'r marchog wedi mynd gyda'r llif – er mwyn ei gynorthwyo i gyrraedd y geulan.

Dychwelyd

Mam-gu

Yn llaw mam-gu yr es i i'r ysgol am y tro cyntaf, a'r noson honno rwy'n cofio gofyn iddi, "Ble ni'n mynd fory 'te, Mam-gu?" gan ein bod ni eisoes wedi bod yn yr ysgol. Gallaf ei chlywed yn chwerthin nawr. Erbyn hyn, roedd y teulu wedi symud o Bwll Uchaf i fferm Pwll Isaf, rhyw dri chae i ffwrdd, lle roedd Mam-gu, mam fy nhad, yn byw.

Y cof sy gyda fi am Mam-gu yw am wraig dal, olygus gyda bochau coch a fyddai'n gweithio'n ddiwyd drwy'r amser. Byddai'n cerdded i bron bob man, yn mynd â menyn, wyau a chynnyrch fferm dros y Mynydd Du i Frynaman. Byddai hefyd yn mynd â'r un cynnyrch mewn gambo at ei brawd yng Nghwmgïedd, Cwm Tawe. Roedd hi'n dod o genedlaethau o grefftwyr hynod o alluog a phobl a oedd wedi'u bendithio â lleisiau canu ardderchog. Fyddai hi byth yn achwyn, ac roedd hi'n canu wrth wneud ei gwaith.

Roedd gan Mam-gu feddwl byw, ymchwilgar, a chanddi ddiddordebau eang. Hanes, a'r byd a'i bethau oedd ei diddordebau

Y teulu: Anti Lisa, fy nhad, Mamgu; Tudor, fi, Mam, Gron
◀ Saron Cwmwysg

Sêl fferm, Llangeitho

mawr, a theithiai ar ei phen ei hun er mwyn gweld y llefydd y bu'n darllen amdanyn nhw, ac er mwyn gwybod mwy. Fe fyddai'r cardiau post yn dod i'n tŷ ni o bellafion daear, yn gestyll ac yn gaerau, yn dyddynnod ac yn eglwysi.

Mam-gu oedd y fydwraig leol a hi hefyd fyddai'n 'troi heibio', sef paratoi'r ymadawedig ar gyfer y daith i'r byd nesaf, drwy eu golchi a'u gwisgo yn eu dillad gorau yn barod am y siwrnai.

Roedd ganddi berlysiau yn yr ardd yn eli at bob clwy. Rwy'n ei chofio'n mynd â fi i'r ardd yn ifanc iawn, ac yn fy annog i ymddiddori mewn gwahanol lysiau, ac mae'r diddordeb wedi parhau hyd heddiw.

Un o dras y Cardi oedd Mam-gu ac roedd ei thad, Joseff Jones, yn dod o ardal Silian ger Llambed. Un o Lansadwrn, Sir Gaerfyrddin oedd ei mam, Janet. Symudodd y teulu i Landdeusant, ac yno y ganed 'nhad. Wedyn aethon nhw dros y mynydd a sefydlu yng Nghwm Wysg, Sir Frycheiniog.

Roedd hi'n fenyw hynod ofalus. Arferai brynu losin *peppermint* mawr gwynion at yr annwyd. Byddai'r losin yn cael eu cadw mewn drôr yn y seld, ac ar ddydd Sul byddai'n chwarteru'r pubrennau gwynion a rhoi bobo chwarter i ni. Un dydd, pan oedd y tŷ'n wag, aeth fy mrawd Gron a minnau at y drôr yn y seld a chymryd bobo bubren. O dipyn i beth dychwelodd Mam-gu i'r tŷ, gwynto'r *peppermint*, a mynd yn syth at y drôr. Aed â Gron a minnau tu ôl i'r sied a chawsom bobo chwip din dda. Mae rhan ohona i'n cynhesu hyd y dydd heddiw pan fydd rhywun yn cynnig pubren i fi!

Roedd Mam-gu'n un o ffyddloniaid Capel Saron, Cwm Wysg, ac roedd hi'n cofio'r pregethau bron i gyd, ac yn eu trafod yn eiddgar. Byddai'n frwd dros yr Ysgol Sul ac anogai ni'r wyrion i barchu'r Sabath. Un tro penderfynodd fy mrodyr a finnau beidio â mynd i'r Ysgol Sul a mynd i hela cnau yn lle hynny. Fe gawson ni'n dal gan Mam-gu a dywedodd na fyddai'r cnau yn cadw gan iddyn nhw gael eu casglu ar ddydd Sul. Yr hyn wnaethon ni, blant, oedd gwneud prawf i weld a oedd hyn yn wir. Fe roion ni'r cnau a gasglwyd ar y Sul ar wahân i'r cnau eraill. Doedd dim gwahaniaeth rhwng y cnau Sabothol a'r cnau canol wythnos ac fe fues i'n meddwl tybed a oedd Mam-gu'n hollwybodus wedi'r cyfan?

Saith mlwydd oed oeddwn i pan fu farw Mam-gu, ac roedd yn brofiad dirdynnol i fachgen ifanc iawn. Roedd y cartref yn llawn pobol a'r ffordd rhwng y tŷ a'r capel yn ddu gan alarwyr. Rwy'n cofio eistedd yn y tŷ yng nghanol gwragedd canol oed ac oedrannus, pawb yn eu du, tawelwch llethol, a'r canu'n llawn emosiwn. Bu'r tylwyth a'r cymdogion yn helpu i gymhennu a pharatoi dwy ffwrwm hir a byrddau yn un o'r tai mas er mwyn bwydo'r bobol a oedd wedi cerdded o bellter yn y glaw i'r angladd.

Mae angladd Mam-gu wedi ei serio ar fy nghof – y bregeth angladdol, y canu emosiynol, y sêt fawr yn llawn gweinidogion. Un darlun o'r angladd sy'n dal yn fyw iawn i fi yw gweld dau ddyn, tal, nerthol yn cyfarch ei gilydd. Pwy oedden nhw? Benjamin Jones, Cwrwaun, Llanddeusant, brawd Mam-gu a Tomos Davies, Gwernwyddog, y ddau yn eu saithdegau, yn amlwg yn falch o gwrdd â'i gilydd a'r siglo llaw yn hollol ddiffuant. Mae'n debyg i'r ddau fod yn yr ysgol fach yn Llanddeusant, yr ochr draw i'r mynydd, cyn i deulu Tomos Davies symud i Gwm Wysg. Dau ddyn yn cymdeithasu yw un o'r symbolau pwysicaf yn fy ngwaith.

Roedd brawd Mam-gu, sef Benjamin, neu Ben Glory

◄ Cymdogion
Dynion mewn hetiau bowler ►

yn grefftwr enwog mewn cyfnod pan oedd bri ar y crefftau. Mae parch at grefft wedi bod yn ein teulu ni erioed, ac mae hyn wedi parhau oherwydd mae arlunio hefyd yn grefft, yn fy marn i.

Byddai Benjamin yn cerdded o Gwrwaun, Llanddeusant i ffermydd ar lethrau Epynt rhyw bymtheg milltir i ffwrdd er mwyn gweithio gambo. Byddai'n mynd heibio cartref ei chwaer yng Nghwm Wysg cyn iddi wawrio. Cerddai'n dalsyth mewn trowsus cordoroi gwyn i leoedd fel Llandeilo'r Fan. Roedd yn berson hawddgar a pharch mawr iddo yn ymestyn dros ardal eang.

Dyn nerthol oedd Benjamin, ac un tro pan oedd yn ifanc, roedd ef a'i frawd, William, yn cwympo coeden anferth at waith y saer. Wrth iddi gwympo, dyma'r goeden yn troi'n lletchwith ac yn syrthio yn y fath ffordd fel bod William wedi ei ddal oddi tani. Rhywsut, cafodd Benjamin nerth annaearol o rywle, digon i symud y boncyff a rhyddhau ei frawd.

Roedd fy hen, hen, hen fam-gu ar ochr fy mam yn ferch i Bentwyn, Cwm Wysg, a phriododd hi â Hywel Lewis o Benrhiw, Llanddeusant, a hanai o linach Pantycelyn. Mab iddyn nhw oedd y Parch Owen Lewis – un o bregethwyr mwyaf dylanwadol y Methodistiaid yn Sir Gaerfyrddin. Priododd mab Owen Lewis, sef Dafydd, â merch Bryntywarch, plwyf Traeanglas a symudodd y teulu i Benrhiw Uchaf, Llanddeusant lle bu'r teulu'n byw tan yn ddiweddar. Yno y ganed fy mam, Gret.

Dioddefai 'nhad o ddiffyg anadl, y fogfa neu asthma, ac roedd yn wael iawn ar adegau. Rwy'n cofio un tro pan oeddwn

◄ Y Parch. Owen Lewis, hen hen dad-cu
Fferm ar Epynt ▶

i'n grwt yn mynd â buwch a llo i'r mart yn
Llandyfri. Y diwrnod hwnnw, roedd diffyg anadl
difrifol ar 'nhad. Yn wir, fe gafodd bwl mor wael
nes iddo orfod pwyso yn erbyn y glwyd yn y mart
am ei fod yn methu cael ei anadl. Dyma ddau
ffermwr, a oedd yn ei adnabod, yn dod heibio a
gweld ei fod e mewn argyfwng. Dywedodd un yn
garedig, "Wel Idris, dwyt ti ddim rhy dda nag wyt
ti? Beth yw'r broblem? Diffyg anadl?"

A dyma fy nhad yn dweud, "Ie… rwy…
wedi cael pwl… gwael iawn heddi."

Dyma'r ffermwr arall yn edrych arno am
dipyn cyn dweud, "Wyt ti'n cofio Dai o Langadog?
Roedd hwnnw'n gywir 'run fath â ti 'chan. Roedd
diffyg anadl ar diawl arno fe, ac aeth e fel 'na," a
chliciodd ei fysedd. Pan glywodd fy nhad hyn,
dechreuodd chwerthin, a daeth ei anadl yn ôl.

Gan fod 'nhad yn dioddef o'r fogfa neu'r
asthma bob gaeaf fe fyddwn i, pan oeddwn yn
grwt ifanc, yn gorfod mynd ar gefen beic lawr i
Bontsenni i gael moddion iddo oddi wrth y doctor
lleol, Dr Powell.

Wedi cyrraedd a mynd i mewn i'r tŷ – doedd
dim syrjeri yno fel y cyfryw – fe fyddai bob amser
hanner dwsin o fenywod yno wedi'u gwisgo'n
angladdol. Roedd tawelwch llethol yn perthyn
i'r lle beth bynnag, ac fe fyddai'r gwragedd yn
ochneidio am y pethau diflas oedd yn digwydd yn

◄ Cwmystwyth

Pontarfynach

eu bywydau nhw, a minnau, yr unig fachgen yno, yn eistedd yn eu canol nhw. Am amser wedyn, fyddai neb yn dweud gair, dim ond ambell "Mmmmmmm" neu "Oooooo" a'r hyn sy'n aros yn fy nghof am yr ymweliadau hynny yw'r tawelwch mwyaf rhyfedd, y cloc yn tician yn uchel, uchel iawn, a threigl amser yn hollbresennol.

Un o nodweddion cymdeithas glòs yw cymwynasgarwch. Rwy'n cofio un teulu arbennig ar ben uchaf Cwm Wysg, lle mae'r gronfa ddŵr erbyn hyn, teulu o bump o blant, tua'r un oed â 'nhad

– teulu Aberhenwen Fawr. Roedden nhw'n bobl gymwynasgar dros ben, ond byth eisie derbyn clod am eu caredigrwydd.

Bu 'nhad yn gaeth i'w wely am gyfnod hir yn methu cyffro gan y fogfa, ond roedd rhaid iddo gael y 'War Agricultural Tractors' i drin y tir, a 'nhad yn gofidio'n fawr na fyddai dynion y tractorau'n dod adeg trin y tir gan y byddai rhaid i bawb aros ei dro. Ond pan oedd 'nhad yn ddiymadferth yn y gwely a thractorau 'War Ag' yn dal heb ddod roedd rhywun wedi trin y tir.

Adeg golau leuad oedd hi, a gwnaeth dynion Aberhenwen drin y tir yng ngolau'r Lleuad Fedi. Doedden nhw ddim wedi dweud gair, dim ond galw wedyn ymhen rhyw wythnos i weld sut oedd iechyd 'nhad. Erbyn hynny roedd iechyd 'nhad wedi adfer digon iddo allu codi o'r gwely ac roedd wedi dyfalu mai Willie Davies, Aberhenwen Fawr oedd y cymydog cymwynasgar, dirgel. Hyn oedd symbyliad y lluniau 'Lleuad Fedi'. Oherwydd i 'nhad golli ei iechyd awgrymodd y doctor y byddai'n beth da iddo dreulio peth amser ar lan y môr gan

Lleuad Fedi

fod hynny'n lleddfu'r asthma. Aberaeron oedd y lle a ddewisodd 'nhad gan ei fod eisoes yn gyfarwydd â'r dre honno.

Pan oedd e'n ddyn ifanc byddai 'nhad yn mynd â defaid tac i ardal Aberaeron a'r cyffiniau. Rwy'n ei gofio fe'n dweud amdanyn nhw'n galw yn Nhafarn Jem, ger Llambed ar ôl cerdded yr holl ffordd o Gwm Wysg. Wedi diwrnod llafurus rhaid oedd cael diodyn haeddiannol a byddai yno lawer o hwyl a thynnu coes rhwng ffermwyr o wahanol ardaloedd. Er hyn, byddai gwraig y dafarn yn gwrthod iddyn nhw gael mwy na dau lased oherwydd cryfder y cwrw, ac yn lle'r ddiod fe fyddai hi'n ffrio llond ffreipan o gig moch ac wyau i bawb.

Ar y sgwâr yn Aberaeron roedd llety o'r enw Tŷ Coch, a gwraig groesawgar yn ei gadw, Miss Morgan. Am rai blynyddoedd byddai 'nhad yn mynd ag un ohonon ni blant gydag e i Aberaeron.

Lleuad Fedi II

Mae gyda fi gof plentyn am deuluoedd yn rhannu ystafelloedd, a llestr o dan bob gwely. Byddai un dyn bob bore yn gofyn i 'nhad o ba gyfeiriad roedd y gwynt yn dod, a hynny mewn un frawddeg ddi-dor, "Ni-wedi-cael-gwair-da-gobeitho-gewn-ni-lafur-'to," – gan ei bod hi'n dywydd broc iawn. A dyma 'nhad ar ddiwedd yr wythnos yn ei ateb yn bwyllog, "'Tai'r gwynt yn dod o dy din di, glaw gewn ni!"

Byddwn i'n chwarae drwy'r dydd gyda phlant y dre, ac rwy'n cofio mynd

i'r sinema hyd yn oed. Rwy'n cofio'r
ffilm yn dda, *Smiling Through,* am ryw
garwriaeth fawr. Mae'n amhosib i fi
fynd drwy Aberaeron heddiw hyd
yn oed, heb gael esgus i aros. Mae
rhamant i'r lle, a phrydferthwch ym
mhensaernïaeth a lliwiau'r tai.

Mewn tyddyn wrth yr harbwr
roedd gwraig unigryw o'r enw Anne
Lowe yn byw. Byddai hon yn cynnig
llety i bobl fohemaidd fel hi ei hun
ac er ei bod yn gyfoethog ac yn
berchen ar nifer o dai'n lleol, gwell
oedd ganddi gwmni pobol liwgar a
gwreiddiol. Roedd 'nhad, a oedd yn
mwynhau trafod, yn cael modd i fyw
yng nghwmni Ann Lowe, John y
Gwehydd a'u tebyg wrth iddyn nhw
grynhoi gyda'r nos i drafod y byd a'i
bethau ar y cei.

Roedd yna gysylltiad
cynharach gyda'r teulu ag
Aberaeron hefyd. Yn 1841
hwyliodd fy hen, hen dad-cu,
William Jones a'i deulu o harbwr
Aberaeron i Ohio. Roedd William

Dau gymydog

yn ffermio ym Mlaenwaun, Silian, ger Llambed. Fel llawer Cardi arall, fe gododd ei bac am y Byd Newydd a sefydlu yn ardal Granville yn nhalaith Ohio – ardal Gymraeg, ganrif a hanner yn ôl.

Roedd amodau byw yng Ngheredigion yr adeg honno'n fwy tebyg i'r hyn a welwn mewn llawer gwlad yn y Trydydd Byd heddiw – gormes landlordiaid, trethi llethol, marwolaethau mynych ymhlith plant, annhegwch crefyddol a bywyd yn fater o oroesi.

▼ Y cefnder o Ohio   Teulu William Jones yn Ohio

Mae'n anodd amgyffred y fordaith heddiw – y caledi a'r ansicrwydd – nac ychwaith y caledi cymdeithasol a orfododd y bobl yma i gyfandir pell. Arfer pobol Ceredigion wrth ymfudo oedd teithio o ganol Ceredigion heibio i Bennant nes dod at dafarn o'r enw'r 'Ship' a edrychai dros Aberarth. Yno, fe fydden nhw'n cael y ddiod olaf cyn teithio.

Ar ôl cyrraedd cei Aberaeron fe fydden nhw'n mynd ar gychod rhwyfo at longau mwy wedi eu hangori yn y bae. Gwyddai'r rhai oedd ar y cychod, yn ogystal â'r rhai oedd ar y cei, mai pur annhebyg y bydden nhw'n gweld ei gilydd byth wedyn. Canai'r tylwyth emynau ar y cei wrth i'r cychod rhwyfo bellhau, a'r rhai yn y cychod yn clywed yr emynau'n tawelu ac yna'n peidio.

Er i'w rieni ymfudo i Ohio i chwilio am fywyd gwell roedd Joseff, fy hen dad-cu, wedi dod i oed ac wedi dechrau gweithio a phenderfynodd aros yng Nghymru. Bu'n byw gyda pherthnasau yn ardal Llambed nes iddo gyfarfod â merch o Lansadwrn ac ymserchu ynddi. Wedi iddyn nhw briodi a dechrau teulu, symudon nhw i dyddyn ar rent yn Llanddeusant cyn symud eto i fferm hynafol Pwll Isaf, Cwm Wysg lle mae'r dyddiad 1706 yn dal yn gerfiedig ar wal y tŷ.

Roedd Joseff yn fardd gwlad, ac yn storïwr wrth reddf, a chyhoeddwyd ei farddoniaeth mewn cyfrol o'r enw *Tannau Twynllannan*. Cyfaill iddo oedd y bardd-bregethwr a'r cymeriad mawr, Volander Jones, awdur yr englyn y byddai Eirwyn Pontshân yn hoffi ei adrodd, sef 'Tasg i'r Sais Ei Ddweud':

Joseff Jones, hen dad-cu

> Iach y b'och chwi a'ch bychain, – yn wychach
> Eich iechyd na'ch ychain;
> Heb och a chur y b'och a chain,
> Chwi a'ch achau ewch uwch ochain.

Treuliodd Volander beth amser ar gyfandir Gogledd America, a phan oedd yno gyda thad Joseff a'r teulu, fe gafodd afael mewn corn clywed a'i roi i Joseff a oedd yn drwm ei glyw. Gallaf ddychmygu'r hen ŵr yn y côr mawr yn Saron, Cwm Wysg a'r corn clywed, fel y corn hirlas yn ymestyn tua'r pulpud i dderbyn y moddion gras.

Eirwyn Pontshân

CEFAIS FY ADDYSG gynradd yn Ysgol Aberpedwar, rhyw dri thafliad carreg dda o'n cartref yn y Pwll. Ysgol-un-athrawes oedd hi a'r athrawes honno, Miss Parry, yn uniaith Saesneg. Chefais i ddim gwers Gymraeg yno, heb sôn am lenyddiaeth Cymru, a'r unig gerddi a gyflwynwyd inni oedd 'A host of Golden Daffodils' a 'There will always be an England'!

Yn ystod misoedd y gaeaf byddai'r stof ar waith yn yr ysgol, ond yr athrawes, neu ran ôl ei chorff, oedd yn cael budd y stof, tra bydden ni'r plant yn rhewi.

Profiad rhewllyd arall oedd ymweliad y nyrs. Creadures sarrug, ddi-Gymraeg oedd honno hefyd nad oedd yn dda ganddi ein henwau Cymraeg ni, ac felly mynnai alw pawb yn 'Jimmy'! Profiad ysgytwol i ni, fechgyn y wlad, oedd dwylo'r nyrs yn chwilmentan yn ein trowseri. Fel roedd hi'n digwydd, roedd bachgen gwylaidd o'r enw Jim Pencae yn yr ysgol yr adeg honno. Pan fyddai'r nyrs yn gweiddi am 'Jimmy' arall, bydden ni'n ateb ar ran Jim a'i chyfeirio ato, ac yntau'n cael archwiliad arall!

Tua'r amser hynny, roedd cymylau duon Natsïaeth ar y gorwel a'r

Ysgol Aberpedwar 1908. Fy nhad yw'r talaf yn y rhes gefn.

awdurdodau'n cynghori y dylai pob plentyn ymarfer gwisgo masgiau nwy. Un diwrnod fe gawson ni ymarfer ar sut i ymddwyn pe byddai'r Luftwaffe'n ymosod ar Gwm Wysg. Trefn yr ymarfer oedd ein bod ni'n gwisgo'n masgiau a dianc am ein bywydau i'r coed i guddio rhwng Ynys Fawr a Phwll. Yna, ar ôl cyfnod, pan fyddai'r awyrennau wedi cilio, byddai Miss Parry yn chwythu chwiban, a byddai hynny'n arwydd i ni ddychwelyd i'r ysgol. Fe chwythodd Miss Parry ei chwiban nes ei bod yn biws yn ei hwyneb, ond yn ofer, gan ein bod ni i gyd wedi rhedeg adref nerth ein traed i'n ffermydd!

Chwa wirioneddol o awyr iach oedd y dydd pan ddaeth Miss Llywela Jones i'r ysgol fel athrawes am flwyddyn yn absenoldeb y llall. Roedd hi'n ferch i fferm Penwingon, Cwm Wysg, ac yn fenyw ifanc brydferth yn ei hugeiniau, yn llawn direidi, ac yn fwrlwm o Gymreictod. Roedd hi'n famol iawn, ac ni allai'r cyferbyniad rhwng dwy athrawes fod yn fwy.

Yn y cyfnod yma cefais ddamwain, a cholli blaen bys fy llaw dde. Roedd gyda ni beiriant i wahanu'r hufen a'r llaeth ac roedd rhaid troi'r handlen yn gyflym. Mewn ymgais i ddychryn fy nau frawd iau, Gron a Mansel, roeddwn yn goglais y dannedd metal gyda blaen fy mys. Trodd y chwarae'n chwerw pan sleisiwyd blaen y bys i ffwrdd bron yn llwyr. Roedd blaen y bys yn hongian ar linyn o groen, a'r gwaed yn pistyllo.

Roedd fy nhad ar y pryd yn cywain gwair yn y cae dan tŷ, a phan glywodd y sŵn rhedodd i'r tŷ a mynd â fi at y tanc dŵr oedd ar yr iard a dal fy mys yn y dŵr rhewllyd. Rhaid oedd cael meddyg. Dyma 'nhad yn mynd â fi i at gymydog yn Fferm Ynys Fawr gan ei fod yn berchen car, yn y gobaith y gallen nhw fynd â fi at y doctor ym Mhontsenni, gan obeithio y byddai hwnnw'n sobor! Pan ddaeth y doctor fe dorrodd e'r darn a oedd yn hongian bant o'r bys a rhoi bandej amdano. Pan es i nôl i'r ysgol roedd gyda fi gwpan lledr o gwmpas y bys i'w amddiffyn. Roedd y plant i gyd eisiau gweld y bys lledr a phawb yn eiddigeddus.

Adeg y rhyfel cafodd plant y dinasoedd mawr eu hanfon i'r wlad oherwydd bod y dinasoedd yn cael eu bomio – dyma'r *evacuees* o Loegr. Roedd gan rai ohonyn nhw enwau a swniai'n rhyfedd, a hyd yn oed yn chwerthinllyd i ni'r Cymry, a bydden ni'n cael sbort mawr wrth glywed enw megis David John Allcock!

Roedd nifer o'r *evacuees* yma'n dreisgar ac yn ymosodol iawn, a thueddiad ynddyn nhw i fwlian y plant lleol. Cofiaf am un, John Pendleton, yn dod mlaen ata i a dweud, *"Wanna scrap mate?"* Yna heb unrhyw reswm ymosododd arna i a rhoi crasfa i fi. Fe es i adre a dweud yr hanes – yr ateb gefais oedd, "Os nad wyt ti'n amddiffyn dy hunan, fel'na bydd hi." Tro nesaf y daeth e ata i a dweud, *"Wanna scrap mate?"* dyma fi'n mystyn un iddo fe ar ei ên ac aeth e lawr. Fe gododd e lan yn syn a dweud wrtha i, *"You're the boss, mate."*

Pleser mawr bob haf fyddai ymweliad dau gefnder o'r Gogledd, sef Trefor ac Alwyn Selway, a'r dyddiau'n llawn o chwarae a rhowlio yn y gwair a phob math o gampau. Cofiaf amdana i a Trefor yn cerdded dros y mynydd i fferm yn Llanddeusant er mwyn dod â dwy ferlen adref. Doedd Trefor ddim wedi brochgáu ceffyl cyn hynny, ond fe newidiodd pethau! Neidiodd y ddau ohonon ni ar gefnau'r

Cynnwrf

merlod ar y fferm – heb unrhyw gyfrwy na ffrwyn – a charlamu adref fel mellt dros y mynydd a Trefor yn gweiddi "Faddeua i byth i ti am hyn! Anghofia i byth am hyn!" wrth iddo hongian am wddf y ceffyl. Ar ôl i ni gyrraedd clos y fferm, tynnwyd Trefor oddi ar gefn y ferlen a gadael iddo gerdded yn araf i mewn i'r tŷ, ei goesau ar led fel John Wayne! Ai dyma eni'r actor ynddo?

Golygfa arall sy wedi aros yn y cof yw un frawychus a allasai fod yn drasig. Pan oedd fy chwaer fach, Geta, tua chwe blwydd oed roedd arni awydd gweld llo bach newydd ei eni yn y waun dan y tŷ. Cydiodd yn fy llaw i, y brawd mawr a oedd fod ei gwarchod, ac i mewn â ni i'r cae. Wrth i ni gyrraedd y fuwch, dyma'r fuwch yn rhuthro amdanon ni'n gynddeiriog, am y rheswm syml fod y ci wedi ein dilyn ni ac felly'n fygythiad – roedd y fuwch wrth gwrs yn amddiffyn y llo.

Dyma Geta a fi'n rhedeg am y berth tua hanner cyfer i ffwrdd i gyfeiriad yr afon, rhedeg am ein bywydau, ac yn y pen draw doedd dim dewis ond neidio dros y berth, a honno tua phum troedfedd o uchder, cyn glanio yr ochr draw yn ddianaf. Bu camp fy chwaer yn destun edmygedd yn yr ardal am flynyddoedd ac enillodd bob naid uchel ymhob un o fabolgampau'r ardal wedi hynny! Fe fydden ni'n mynd nôl at y berth o bryd i'w gilydd ac yn methu'n lân â deall sut y neidion ni drosti!

Profiad ysgeler i blant y ffermydd oedd diwrnod lladd mochyn. Bydden i a 'mrodyr yn rhedeg am y cwm tua milltir i ffwrdd rhag i ni glywed sgrechfeydd y creadur a fuodd fel anifail anwes ar yr iard. Ond ymhen amser, fel pob mab fferm, roedd yn rhaid i mi helpu yn y broses o ddal y mochyn ar y ffwrwm. Byddai'r gwanu'n digwydd yn y gaeaf ond dim ond pan fyddai'r llythyren 'r' yn enw'r mis – o fis Medi i fis Mawrth.

Yr hen arferiad fyddai rhannu'r cig – y cig mân – gyda'r cymdogion. Rhan orau'r mochyn fyddai'n cael ei rhoi, er mwyn profi i bawb fod gan y perchennog anifail da. Felly, roedd yna fwyd amheuthun i bawb. Doedd dim gwastraff. Câi pob rhan o'r mochyn ei ddefnyddio o'i ymennydd i'w draed – y crwshon a'r bledren. Ond roedd un darn bach – y bustl bach glas, neu'r 'bustyll twrch' fel y bydden ni'n ei alw, sef rhan o'r afu – yn cael ei ddefnyddio adeg plygu'r perthi fel meddyginiaeth i gael gwared ar ddraenen o'r llaw. Wedi rhoi'r bustyll twrch ar y dolur, ymhen amser byddai'r ddraenen yn dod allan o'r llaw. Does neb yn gwybod pa mor hen yw'r feddyginiaeth hon.

ROEDD DAU LYN yn yr ardal. Un yn gronfa ddŵr o waith dyn a honno wedi difa cartrefi a chymdeithas, a'r llall yn llyn naturiol, yn llawn h a lledrith, ac yn lleoliad i un o chwedlau mawr y byd – Llyn y Fan.

Tua milltir neu ddwy i fyny'r cwm cronnwyd afon Wysg drwy

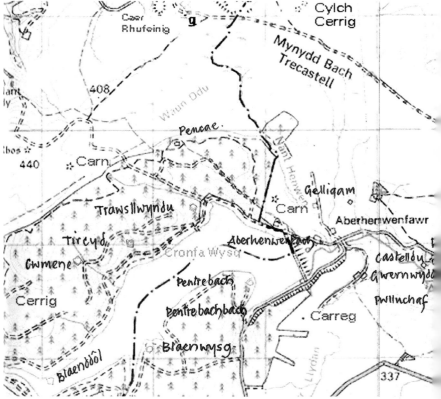

adeiladu argae. Crëwyd Cronfa Wysg yn y 50au gan Fwrdeistref Abertawe i ddisychedu trigolion y ddinas honno, ac yn ei sgil boddwyd wyth fferm hynafol gan chwalu cartrefi a chymdeithas – Blaenwysg, Blaenddol, Cwmene, Tircyd, Trawsllwyndu, Pencae, Aberhenwen Fach, Pentre Bach, a Pentre Bach Bach. Dinistriwyd Pwll-y-gerwin a Ffos-y-hwyed flynyddoedd cyn hynny.

Roedd y rhain i gyd yn deuluoedd a fu yno ers canrifoedd lawer – efallai iddynt fod yno ers pan ddaeth y dyn cyntaf i'r ardal. Ar fferm Cwmene roedd adeilad hynod, sef cwch gwenyn crwn o gerrig, ac mae'n debyg mai twlc mochyn o adeg y Celtiaid ydoedd. Boddwyd mwy na thir; boddwyd cymdogaeth a chymdeithas.

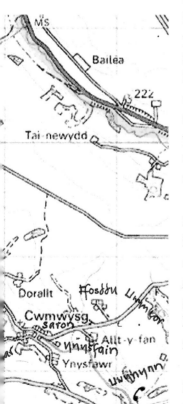

Gorfodwyd trigolion Dôl Hywel, yn rhan ucha'r cwm, i adael eu cartrefi mynyddig a chwilio am gartrefi eraill mewn ardaloedd eraill. Gorchuddiwyd gweddill y tir gan goed – 'coed lle bu cymdogaeth, fforest lle bu ffermydd'.

Roedd plant ardal Dôl Hywel yn dod i ysgol Aber-pedwar, sef Donald, William,

◀ Teifi
▼ Machlud

Chwedl Llyn y Fan

Jim, Evelyn a Kenneth (Pencae), Jeff a Gwyn Cwmene, David, Lynne ac Ethel Trawsllwyndu.

Llyn llawn rhamant yw Llyn y Fan.

Mae hud a lledrith Llyn y Fan wedi aros gyda fi ar hyd fy oes. Yn wir, chwedl Morwyn y Llyn fu un o'r pethau sy wedi gwneud i mi geisio rhoi rhyw ddirgelwch ac ystyr ddyfnach yn fy lluniau yn hytrach na dim ond creu darlun. Mae yna ryw ddirgelwch mawr wrth wraidd ein bywyd ac fe geisiais i awgrymu'r dirgelwch hwnnw mewn nifer o'm lluniau. Yn rhyfedd iawn mae fy mab, Meirion, yntau wedi ei gyfareddu gan Forwyn y Llyn ac mae hi'n symbol pwysig yn ei waith.

Rwy'n cofio Mam yn adrodd chwedl Llyn y Fan Fach wrthon ni pan oeddwn i'n fach, am y ferch hardd yn dyfod o'r llyn, a chael fy swyno ganddi. Llyn hynafol yw hwn wedi ei greu gan rewlif ac yn nythu yn y Mynydd Du, ger Llanddeusant. Lle tawel, lle mae amser wedi aros. Pan fyddaf yn dychwelyd at y llyn, byddaf yn teimlo 'mod i'n dychwelyd i 'nghartref ysbrydol.

Roedd fy nhad-cu, Owen Lewis, Penrhiw Uchaf, Llanddeusant yn un o'r dyrfa o ddynion a gynhaliai hen, hen draddodiad. Ar y Sul cyntaf o Awst bob blwyddyn, byddai ffermwyr a bugeiliaid yr ardal yn dringo at y llyn ar gefn merlod i gyfarch y Forwyn a'i hannog i ymddangos o'r dŵr unwaith yn rhagor.

Yn ôl y gred roedd y Forwyn i fod ymddangos ar y dyddiad hwnnw bob blwyddyn. Ychydig o ddychymyg sydd ei angen heddiw i ail-fyw'r profiad. Yr hyn sy'n ddiddorol yw'r peth gweladwy sy'n dal i fodoli heddiw – cwys yr arad sy'n mynd o fferm Esgair Llaethdy, ym mhlwyf Myddfai, i'r Llyn. Pan ddychwelodd y ferch i'r Llyn, fe aeth â'r holl anifeiliaid gyda hi ac roedd un o'r ych ynghlwm wrth arad, a dyna yn ôl y chwedl yw'r gwys sydd i'w gweld hyd heddiw.

Mae ffermydd yn yr ardal a'u henwau'n cyfeirio at feibion y forwyn, sef yr enwog Feddygon

Priodas fy rhieni

Myddfai. Claddwyd y Meddygon ym mynwent Eglwys Myddfai, ac mae un o'r tri llyfr gwreiddiol sy'n cynnwys eu meddyginiaethau'n dal yn y teulu. Un o'r llefydd mwyaf hudolus sy'n gysylltiedig â nhw yw darn o'r Mynydd Du a gaiff ei adnabod fel Pant y Meddygon a Llidiart y Meddygon, a ffermydd o'r enw Llwyn Feredudd Feddyg a Llwyn Ifan Feddyg. Dyma'r fan, lle dysgodd y Forwyn ei meibion am y llysiau iachaol a dyfai yn yr ardal wedi iddi ddod o'r dŵr. Yn ddiweddarach fe fuon nhw'n feddygon i deulu Rhys Grug yn Ninefwr, sef mab yr Arglwydd Rhys.

Mae'n rhyfedd sut y mae pethau'n newid. Roeddwn i'n hoff o adrodd Chwedl Llyn y Fan i'm cyd-fyfyrwyr yn Abertawe, ac roedden nhw'n synnu at y modd y byddwn i'n rhamantu gymaint am y lle a'r holl ddirgelwch – o ganlyniad daeth rhai o fechgyn y ddinas i fyny i'r llyn gyda fi. Wedi cyrraedd y llyn, a syllu'n hir o'u cwmpas, syllu ar y llyn, syllu arna i, dywedodd un o'r bechgyn ar ran y gweddill, "'Neurin, does dim byd fan hyn, bachan – dim ond dŵr!"

Does dim amheuaeth fod rhyw ramant arbennig yn perthyn i ardal Llyn y Fan oherwydd priododd 'nhad ferch o Landdeusant. Bu tipyn o gyfrwystra adeg y nosweithiau caru, fel yr arferai ddigwydd yr adeg honno. Pan fyddai 'nhad yn mynd i Benrhiw Uchaf i garu, byddai rhai o'r bechgyn yn edrych am ei ferlen er mwyn ei gadael yn rhydd o'r stabal. Roedd 'nhad wedi synhwyro hyn ac felly clymai'r ferlen yn stabal y fferm agosaf ati, sef Penrhiw Isaf – ysgol brofiad mae'n rhaid! Byddai'r plwyfoldeb yma'n digwydd yn rheolaidd, a chyndyn iawn o fentro dros y ffin i garu merch o ardal neu bentref arall fyddai'r bechgyn. Felly byddai'r caru'n digwydd yn y dirgel ac yn ddefod y tywyllwch.

Roedd hyd yn oed priodas y ddau yn fater dirgel hefyd. Roedd 'nhad yn cerdded i Drecastell ar fore ei briodas a digwyddodd gyfarfod â'i ffrind, Howi Dorallt. Gan fod 'nhad yn cario cês, gofynnodd y cymydog iddo i ble roedd e'n mynd, a'r ateb oedd, "At 'y nghefnder ym Mancygwin, Llansadwrn!" Ac felly y bu.

Tŷ newydd, Llanddeusant

Cwm Wysg

Wedi dweud hyn, ac er i'm rhieni fyw'n hapus yng Nghwm Wysg gydol eu dyddiau, chreda i ddim fod fy mam wedi teimlo iddi ddod yn aelod cyflawn o ardal Cwm Wysg. Roedd ei chalon o hyd yn yr 'hen ardal' sef Llanddeusant, yr ochr draw i'r mynydd. Yn Llanddeusant y ganed 'nhad hefyd, ond symudodd y teulu i Gwm Wysg pan oedd e'n flwydd oed. Iddo fe, Cwm Wysg oedd y nefoedd. Pan oedd yn wael ei iechyd a'r doctor yn ei siarsio i symud o niwl ac oerni'r ucheldir i dir bras llawr y dyffryn, doedd dim symud arno. Doedd dim lle tebyg i Gwm Wysg, ac arhosodd yno.

Un tro, ar ôl Eisteddfod Llanddeusant, hebryngais i ferch yn ôl i ardal y Llyn. Roedd hi'n ferch lydan, gydnerth, gan mai dyna oedd breuddwyd pob mab fferm yr adeg honno, sef cael cymar a fyddai'n addas ar gyfer gwaith corfforol. Roedd y beic gen i mewn un llaw, a'r fraich dde yn ysgwyddo hon. Dywedodd bod llwybr tarw i'r fferm drwy'r caeau, felly gadawyd y beic a mynd drwy'r gwlyborwch am y fferm. Wrth imi ymdrechu yn fy mlaen aeth un esgid yn sownd yn y mwd, ac er hir chwilio ni chefais afael ynddi. Mae'n bosib ei bod hi'n dal yno! Bu'n rhaid imi seiclo adre yn gwisgo dim ond un esgid y noson honno, ac ni allwn ollwng fy mraich dde i lawr am ddyddiau!

Does dim amheuaeth fod Chwedl Llyn y Fan yn hen iawn ac roedd nifer o hen draddodiadau wedi parhau yn yr ardal tan gyfnod fy nghyndeidiau yn Llanddeusant. Fe glywais sôn am ddefod ryfedd ar fore priodas. Byddai bechgyn yr ardal yn hebrwng y priodfab i'r gwasanaeth priodas, a thylwyth y briodferch yn ei gwarchod hi ar gefn merlod. Yn ôl y traddodiad byddai cyfle gan y ferch i newid ei meddwl a dianc i ffwrdd i'r mynydd. Os byddai'n newid ei meddwl cyn canol dydd byddai'n ferch rydd ac ni fyddai'n rhaid cadw at ei haddewid oni bai fod y priodfab a'i ffrindiau'n ei dal hi cyn hanner dydd. Pe byddai'r ferch yn newid ei meddwl, byddai'n carlamu nerth coesau'r ferlen am y mynydd a'r fintai ar ei hôl. Mae sôn am ymladdfeydd erchyll rhwng teuluoedd.

Hen draddodiad arall oedd y ddefod brydferth o lafurio'n galed i greu bwa neu arch o flodau lliwgar ger y tŷ ac wrth borth y capel.

Rwy'n cofio'r priodasau cynnar yng Nghwm Wysg. Byddai'r ardal i gyd yno, a'r mwyafrif ohonyn nhw yn eu gwisg bob dydd. Roedd yna dŷ bach, neu doiled, ochr draw'r ffordd i'r capel, a phan fyddai'r seremoni yn mynd yn ei blaen, byddai 'nhad a'i ffrindiau'n saethu at y sied sinc honno nes ei bod yn llawn tyllau. Y rheswm am hyn oedd bod y saethu'n ffordd o warchod y pâr newydd rhag yr ysbrydion drwg.

Adeg priodas fy chwaer roedd gwneud drygioni yn ei anterth. Roedd hi bron yn amhosib cysgu noson cyn y briodas. Talu'r pwyth yn ôl oedd hynny mae'n debyg, a bechgyn yr ardal yn creu pob anhawster o fewn terfynau'r dychymyg! Fe fydden nhw'n gwneud pob math o ddrygioni – cloi popeth – drysau, clwydi, gwthio'r car ryw ddau neu dri lled cae i ffwrdd, ac yn y bore bu'n rhaid i un teulu adael y tŷ drwy'r ffenest am fod rhwystrau yn erbyn y drysau.

Hen arfer hefyd oedd dathlu'r noson cyn y briodas gyda diod neu ddau neu fwy. Roedd un o'r bechgyn lleol, nad oedd yn gyfarwydd ag yfed yn datgan yn groyw ei fod wedi cael hen ddigon, ac roedd modryb imi, chwaer Mam a hithau'n gryf yn erbyn y ddiod gadarn, yn ceisio cysgu yn y llofft. Roedd hi'n clywed yr annog diddiwedd yma, "Towla fe lawr 'chan" a "'Wneith e les i ti!" ac yn y blaen, a byddai'r fodryb ddirwestol o'i gwely yn bwrw'r llawr â'i ffon ac yn gweiddi: "Paid ti gwrando arnyn nhw, bach. Ych-a-fi yw'r hen gwrw 'na!"

Hen, hen arfer yn yr ardal oedd dathlu Nos Galan, pan fyddai dynion yn mynd o amgylch y ffermydd a'r tai, a phobol yn edrych ymlaen at eu croesawu bob blwyddyn. Byddai pobol yn aros ar lawr hyd oriau mân y bore i glywed y rhai a ddeuai o gwmpas i ganu. Rwy'n cofio'n iawn amdanon ni – fi, a'r tri brawd a ffrindiau eraill o'r ardal: Wil Aberhydfer yn llawn hwyl, Bryan Taylor, Ifor Caerllwyn a'i lais bas fel taran, a Mostyn y gweinidog yn mynd o gwmpas i ganu.

Bydden ni'n dechrau bob blwyddyn yn y fferm sy lan o dan Gronfa Wysg erbyn hyn – Trawsllwyn Du. Mae enwau'r ffermydd y bydden ni'n galw ynddyn nhw fel cerddoriaeth hudol yn fy nghlustiau – Ynys Faen, Aberhydfer, Meity Isaf, Beiliau Gleision, Castell Du. Fe fydden ni'n cael tamed bach i gynhesu'r ysgyfaint wedyn yn groeso. Byddai diod a gwin cartref ar y ford a chacennau bach. Roedd pob lle'n wahanol a gwahanol fath o groeso ym mhob tŷ. Mewn ambell le bydden ni'n cael yr hwyl ryfeddaf. Erbyn diwedd y daith byddai hi'n dyddio a'r dathlu a'r blinder wedi dechrau mynd yn drech na ni.

Sioe Llandysul ▶

Aneurin

FE FUODD DIDDORDEB gyda fi mewn pobol erioed – sylwi ar eu ffordd o sefyll, yn arbennig eu hosgo a hefyd wynebau pobol. Yn sicr, roedd Cwm Wysg yn llawn o gymeriadau cefn gwlad – pobol ddiddorol, wahanol – pob un â'i hynodrwydd arbennig.

Cymeriad unigryw a oedd yn byw yn yr unigeddau oedd Lucas, Blaen Wysg. Roedd e'n ddarllenwr mawr a doedd amser ddim yn bodoli iddo. Roedd hyn o ganlyniad efallai i'w gyfnod byr yn fyfyriwr yng Ngholeg Llambed. Byddai'n gorffen darllen yn oriau mân y bore a dihuno yn y gadair. Doedd dim trydan ganddo a channwyll oedd yr unig olau yn y bwthyn. Pan fyddai Lucas yn

▲ Rizla
Hen Lanc ▶

Gwyliwr

syrthio i gysgu yn y gadair byddai gwêr y gannwyll yn graddol ddifa braich y gadair nes yn y diwedd byddai tyllau ym mreichiau'r holl gadeiriau.

Pan fyddwn i'n galw i'w weld e, byddai'r llyfrau dros y ford i gyd gyda dim ond lle i dorth o fara a shwc o laeth a menyn. Y llyfrau a gâi'r lle blaenllaw yn y tŷ bob amser. Dyn sengl oedd e, a'i ddymuniad oedd aros felly. Rwy'n ei gofio fe'n dweud wrth 'nhad, "Fyddai dim angen capel nac eglwys oni bai am y menywod!"

Roedd dau gi ganddo, sef Churchill a Stalin. Rhain oedd ei ffrindiau mynwesol ac roedd yn garedig iawn wrth ei anifeiliaid. Roedd merlen ganddo hefyd a byddai'n cydgerdded gyda hi i fyny'r rhiw a'i brochgáu yn unig ar y gwastad er mwyn peidio â rhoi straen ar y ferlen.

Doedd e ddim yn ddyn a gredai mewn gwastraff o unrhyw fath; dyn gofalus iawn oedd e. Ond, er ei gynildeb, roedd ganddo ymarweddiad bonheddig a cherddai'r holl ffordd o Flaen Wysg ym mhen ucha'r cwm at ei frawd a oedd yn byw yn Glas Fynydd, Crai.

Un noson cyn rhyw angladd arbennig gofynnodd Lucas i Llywela'r forwyn am dduo ei het bowler. Yr unig beth oedd ar gael at y gwaith oedd polish sgidiau. Bu Llywela'n peintio'r polish du ar yr het nes ei bod yn hollol ddu. Drannoeth dyma Lucas yn gadael y fferm i fynd i angladd yn y capel. Pan oedd ar ei ffordd adref o'r angladd fe ddechreuodd lawio, a glawio'n drwm. Daeth Lucas yn ôl i Flaen Wysg a'r polish du wedi rhedeg dros ei wyneb i gyd!

Un o'r cymeriadau a ymsefydlodd yng Nghwm Wysg oedd Tomi Gwd Boi ac rwy wedi gwneud sawl portread ohono. Gallai ddeall Cymraeg yn iawn ond heb fedru ei siarad yn rhugl. Cymeriad diniwed oedd Tomi a hoffai gael ei ganmol, ond yn weithiwr diwyd iawn wrth wasanaethu ar y ffermydd. Roedd Tomi wedi ymserchu mewn morwyn ar un o'r ffermydd. Fe briododd y ddau – a chafodd hi ei galw yn Mary Gwd Gyrl!

Rwy'n ofni i'r llanciau gael hwyl yn ystod y briodas. Fe ddywedodd y bechgyn wrtho fod y ffeirad a oedd yn eu priodi nhw'n drwm ei glyw fel post, a'r bechgyn wedi ei annog i ddweud 'Plîs' a 'Thenciw', neu ni châi briodi. Pan ddaeth y seremoni a'r ffeirad yn gofyn, "Gymeri di…?" dyma Tomi'n gweiddi'r ateb nerth ei ben dros yr eglwys i gyd, *"Yes, please!"*

Un tro, fe wnaeth y bechgyn ifanc ei annog hefyd i fynd ymlaen i'r llwyfan i ganu yn Eisteddfod y Cwm. Yn ei ddiniweidrwydd fe aeth Tomi mlaen a chanu 'Who killed Cock Robin' ar yr Her Unawd gan achosi difyrrwch mawr i'r rhai ifanc. Dywedodd y beirniad, Dr Dan Jones, Pontypridd, yn garedig fod Tomi wedi mynd i ysbryd y darn a dyfarnu'r ail wobr iddo.

Cymeriad arall a oedd yn perthyn i oes y cymeriadau, ond nid i oes y saint, oedd John Cwm Cynwal, a oedd yn byw ar fferm fach yn agos i'r mynydd. Roedd e'n greadur a chanddo feddwl gwreiddiol a'i ffordd unigryw ei hun o fyw. Doedd ganddo ddim diddordeb mewn dilyn ffasiwn gwisgo'r dydd. Dyn-un-siwt oedd John 'run fath â llawer un arall yr adeg honno.

Un diwrnod, roedd John yn paratoi ar gyfer mynd i'r mart ym Mhontsenni. Doedd e byth yn cau ei gopish, a chopish tarw oedd y peth yr adeg honno (sef math o fflap dros flaen y trowser). Beth bynnag, wrth iddo adael yr iard brynhawn Llun byddai ei wraig yn dweud wrtho: "'Drycha arnot ti'n

Gof bach

mynd i Bontsenni a dy gopish ar agor! Beth fydd pobol yn feddwl ohonon ni?"

"Sdim ots," meddai John. "Does *neb* yn 'nabod fi fan 'ny."

A bant ag e.

Ar ddydd Gwener wedyn byddai'n mynd i fart Llandyfri, a mynd eto â'i gopish ar agor, a'i wraig yn dweud wrtho: "'Drycha arnot ti'n mynd i Landyfri fel 'na a dy gopish ar agor!"

"Sdim ots," meddai John. "Mae *pawb* yn nabod fi fan 'ny!"

Byddai un o wragedd yr ardal yn dweud wrth John am newid ei grys, "Crys gwyn yw e i fod, mae e wedi mynd nawr yn llwyd ac yn ddu gyda ti. Os nag wyt ti'n barod i newid dy grys, beth am wisgo 'ffrynt' 'te?" – sef rhyw fath o *'bib'* y byddai pobol y wlad yn ei ddodi dros ben y crys. Felly y bu, a dyma John yn gwisgo'r ffrynt. Beth amser wedyn gwelodd y wraig hon John a dweud: "Wel, bachan John, ti'n edrych yn eitha smart heddi', shwt wyt ti'n teimlo, ody popeth yn iawn?"

Ar ôl tipyn, atebodd John: "O, mae'n iawn, ond mae'n oer ar diawl heb grys!"

Roedd gan John Cwm Cynwal fab o'r enw Wil a gafodd ei alw'n Billy Wincs oherwydd ei dduedd i glapian neu wincio un llygad drwy'r amser. Roedd e'n gymeriad pwyllog o ran cerddediad, ac yn gallu bod yn ffraeth ei dafod ar adegau pan nad oedd yr hwyl yn rhy dda.

Ar y diwrnod arbennig yma roedd Wil wedi penderfynu mentro i'r ddinas fawr, Caerdydd. Doedd e ddim wedi bod mewn dinas erioed. Adeg y rhyfel oedd hi, ac roedd sôn fod carcharorion rhyfel o'r Almaen wedi dianc. Sôn arall oedd bod ysbiwyr Almaenig wedi dod i Gymru ac yn ôl y radio roedd llawer ohonyn nhw yng Nghaerdydd ac Abertawe. Roedd Wil, druan, yn cerdded strydoedd Caerdydd yn bwyllog a'i wisg yn wledig a gwahanol i bobol y ddinas. Byddai'n aros ac yn edrych yn ffenest pob siop yn hamddenol yn null pobol y wlad slawer dydd.

Oherwydd y sïon am yr ysbiwyr Almaenig, roedd llygaid yr heddlu wedi cael eu tynnu at y gŵr od yma a'r osgo amaethyddol. Dyma nhw'n stopio Wil a chael gair ag e. Saesneg bratiog iawn oedd gan Wil ac acen Cwm Wysg yn gryf, a chafodd yr heddlu waith ei ddeall. Roedd pethau'n edrych yn dduach ar Wil bob munud, ac fe aed ag ef i'r orsaf yng Nghaerdydd i'w holi ymhellach. Doedd dim posib gwneud pen na chwt o'r hyn roedd e'n ei ddweud, ac felly roedd amheuon yr heddlu'n cynyddu.

Er mwyn cael rhyw gadarnhad bod Wil y person yr oedd yn honni iddo fod, dyma ofyn iddo ble roedd yr Orsaf Heddlu agosaf i'w gartref. Dywedodd Wil – Trecastell. Y Sarjant yn Nhrecastell yr adeg honno oedd dyn direidus o'r enw Douglas Davies, mab fferm yn wreiddiol, a thynnwr coes dansierus! Felly, dyma heddlu Caerdydd yn gofyn i Davies a oedd e'n adnabod y 'William Jones' yma a oedd gymaint o enigma, gan roi disgrifiad ohono dros y ffôn a cheisio ynganu enw'r fferm.

Wrth gwrs, roedd Douglas yn gwybod yn iawn pwy oedd y William Jones a gâi ei groesholi gan heddlu Caerdydd, ond dywedodd nad oedd e erioed wedi clywed am y fath ddyn. Cafodd Wil hanner awr arall o holi nes i Douglas fethu â dal mwy. Ffoniodd Gaerdydd i gadarnhau pwy oedd y dyn amheus yn y ddalfa ac wedyn rhyddhawyd Wil druan.

Ond mae un stori am Wil sy'n mynnu aros yn y cof. Yr adeg hynny, roedd hi'n arferiad yn yr haf i'r ffermwyr fynd â'r gwartheg i lawr i'r mart ym Mhontsenni. Dyn o'r enw Bob Brown oedd perchen y lori, ac ef fyddai'n ei gyrru o ben ucha'r cwm i'r mart. Un dydd crasboeth o haf roeddwn i a fy ffrind, Eric Bwysfa Fach, yn cadw llygad ar y lloi, tra bod ein rhieni'n eistedd yn y tu blaen gyda'r gyrrwr. Ar y ffordd rhwng Trecastell a Phontsenni, gwelwyd dyn mewn dillad parch yn cerdded ac yn mynd i'r un cyfeiriad, yn amlwg yn mynd i angladd.

Dyma stopio a chynnig iddo deithio yng nghefn y lori. Dyma Wil yn derbyn ac yn ymuno â ni a'r tair buwch yn y cefn. Roedd y gwartheg yn llawn eu cotiau o'r borfa fras. Wrth i'r lori fynd o gwmpas un tro, disgynnodd un o'r gwartheg ar droed Wil, a gollyngodd hwnnw lond ceg o regfeydd. Dychrynodd y tair buwch a'r canlyniad fu i'r tair godi eu cynffonnau a phlastro Wil gyda hylif brown cynnes. Roeddwn i ac Eric yn chwerthin gymaint – bu bron inni gwympo oddi ar y lori. Ar ôl cyrraedd Pontsenni, gadawodd Wil y lori yn ansicr ei osgo ac i mewn ag e i'r Abercamlais Arms i weld a allai newid ei ddillad!

Roedd helyntion rhai cymeriadau'n destun siarad yn y cwm a'r stori amdanyn nhw yn cael eu hailadrodd dro ar ôl tro. Stori felly oedd yr hanes am ddau frawd yn y cwm a hwythau'n methu cytuno. Un noson roedd un ohonyn nhw'n cysgu yn y llofft pan benderfynodd y llall saethu ato drwy'r trawstiau! Neidiodd y brawd yn y llofft allan drwy'r ffenest, gyda dim ond ei grys gwlanen amdano, a rhedeg lan drwy'r cwm, drwy'r ysgall a'r eithin nes bod ei draed yn gwaedu gan weiddi, "Paid gollwng! Paid gollwng!"

Carlamodd am bentref Trecastell am fod Billy Wincs wedi ymddeol i'r pentref a gwyddai na fyddai hwnnw byth yn cloi drws y ffrynt. Pwy oedd yn cerdded adre o'r bws diwethaf o Aberhonddu ond dwy chwaer a oedd yn gwasanaethu fel morynion yn y cwm. Dyma'r peth mawr gwyn, tawel yn dod amdanyn nhw yn y tywyllwch! Llewygodd y ddwy ym môn y clawdd gan iddyn nhw gredu eu bod nhw'n gweld 'ysbryd go iawn'! Ni fentrodd y ddwy allan o'r tŷ am amser hir.

Mewn cymdeithas glòs mae tynnu coes yn rhan o batrwm bywyd ac roedd llawer iawn o dynnu coes yng Nghwm Wysg. Y tynnwr coes mwyaf yn yr ardal oedd Glyndwr yr Efail. Roedd e'n perthyn i fi o bell ac roedd ei ddywediadau yn ddigon i wneud i gi chwerthin. Roedd e'n byw mewn bwthyn ger efail y gof, felly cafodd ei alw'n Glyndwr yr Efail. Rhaid dweud nad oedd Glyndwr yn or-hoff o ddŵr a sebon.

Doedd Glyndwr a Jones y ffeirad, a oedd yn byw drws nesaf iddo, ddim yn gweld lygad yn llygad bob amser. Byddai'r ffeirad yn cael anhawster dygymod â direidi Glyndwr, ac fe gafodd air gyda'r plismon lleol i weld a allai hwnnw roi stop ar y drygioni a'r tynnu coes diddiwedd.

Yr efail

Yn naturiol doedd hyn ddim yn beth doeth iawn i'w wneud, ac roedd Glyndwr yn falch o'r cyfle i dalu'r pwyth yn ôl.

Roedd gardd fawr gan Glyndwr a byddai'n barod bob amser i rannu'r cynnyrch gyda phobol yr ardal a gwahoddai blant yr ardal i gasglu'r gwsberis. Gan fod y ffeirad yn ddyn bychan, ac yn gwisgo sgidiau'r un maint â sgidiau plant, aeth Glyndwr at yr heddlu. Haerai fod lleidr gwsberis wedi bod yn ei ardd ac wedi gadael olion traed bach ac felly awgrymodd mai'r ffeirad oedd e!

Un tro roedd nifer ohonon ni, fechgyn ifanc, ar sgwâr Trecastell tu allan i'r Black Horse ar ôl rhyw gymanfa neu'i gilydd, ac yn edrych ar draws y ffordd a gweld hen ŵr o'r pentref yn mynd am dro. Roedd yr hen ŵr yma'n ei blyg â'i drwyn bron cyffwrdd â'r llawr. Yn naturiol, roedden ni i gyd yn teimlo'n flin drosto nes i Glyndwr droi aton ni'r bechgyn a dweud: "Diawl bois, 'na'r dyn i bigo tatws!"

Byddai Glyndwr yn gwneud bach o arian drwy dorri gwallt dynion yn y bwthyn.

Doedd dim trydan yn y tŷ – dim ond ychydig gadeiriau a rhyw ford fach gron yng nghanol yr ystafell ger y tân. Doedd dim lle i fawr arall, ond byddai dynion yn dod yno i gymdeithasu a chael hwyl a rhai'n mentro gadael iddo dorri eu gwalltiau. Dyma'r fan lle y bydden ni'n crynhoi gyda'r nos. Bydden ni'n ca'l bobo fasned o de a hwnnw'n frown fel siocoled, gan ei fod e wedi ei aildwymo droeon.

Pan oeddwn i yno un noson, daeth dyn o'r ardal i mewn i dorri'i wallt am ei fod e'n mynd i briodas ei ferch. Dododd Glyndwr ef i eistedd yn y gadair, ac roedd y stafell yn dywyll iawn, gyda dim ond rhyw getyn golau cannwyll. Wrth i Glyndwr

Alun II

chwilio am y siswrn, dyma'r dyn yn dweud wrth Glyndwr sut roedd e am iddo dorri ei wallt, "Torra fe'n grop tu ôl i'r glust chwith – yn wyn os galli di. Yr ochr arall dim cweit mor fyr. Wedyn, gwna rhyw ysgol fach yn mynd lan drwy'r canol reit i'r top, a rhywbeth tebyg ar yr ochr arall."

A dywedodd Glyndwr: "Bachan diawl, alla i ddim 'neud 'na!"

"Wel," meddai'r llall, "ddest ti i ben â'i wneud e y tro diwetha dorrest ti 'ngwallt i!"

Roedd 'na fachan yn byw yn weddol agos at Glyndwr fyddai'n ei roi ar dipyn o bedestl. Credai'n llythrennol ym mhob gair a ddywedai'r tynnwr coes gan feddwl wrth gwrs fod Glyndwr yn hollol ddiffuant. Roedd y cymydog yma'n poeni'n ddirfawr am ei fod yn colli'i wallt a bod hynny'n amharu ar ei lwyddiant gyda merched yr ardal. Daeth at Glyndwr am gyngor. Dywedodd Glyndwr wrtho fod ganddo hen, hen feddyginiaeth a ddefnyddiwyd gan y tywysogion ac a oedd yn un o feddyginiaethau'r enwog Feddygon Myddfai. Rhaid oedd cael gafael mewn dom ieir ffresh – y gwyn a'r melyn – a'i rwbio'n frwd i'r talcen a'r pen a'i adael am rai dyddiau. Fe wnaeth y dyn fel y dywedodd Glyndwr. Roedd y dyn hwnnw'n hoff o gael glased o seidir ac yn gwsmer yn nhafarn y Black Horse. Y noson honno fe adawodd pawb y dafarn ymhell cyn amser cau!

Dyn arbennig oedd gof Pontsenni. Pan oeddwn i'n fyfyriwr, cefais gomisiwn, fy nghomisiwn cyntaf, gan y gof i beintio rhai o'r cobiau. Pan oeddwn yn dal y bws i'r Coleg Celf yn Abertawe, byddwn yn aml yn cysgodi rhag y glaw yn efail y gof. Fe ddes i'n gyfarwydd â'r dyn cydnerth a hynod ddiddorol hwnnw, a oedd yn meddu ar wybodaeth wyrthiol am y cobiau a'u hachau gan ei fod wedi pedoli gymaint ohonyn nhw. Dangosai luniau bach brown imi o'r cobiau, tua maint bocs matsys, a gofyn i mi wneud darlun 'olew' ohonyn nhw. Roedd rhaid i'r anatomeg fod yn berffaith a phob manylyn yn union fel y creadur dan sylw.

Roedd y fath dasg yn gofyn am ddyfalbarhad ac amynedd. Weithiau byddai'n rhaid ail-wneud rhannau o'r llun os nad oedd yn argyhoeddi'r gof, ond roedd hyn yn ddisgyblaeth dda, ac wedi ei gwblhau byddwn yn derbyn tâl anrhydeddus o 2/6, sef 25 ceiniog yn ein harian ni heddiw. Cymeriad lliwgar iawn oedd gof Pontsenni. Mae llun ohono wedi aros yn fy nghof – dyn anferth a'i wraig o'r un maint yn mynd ar gefn motor beic bach drwy Bontsenni, a'r beic yn anweladwy o dan faintioli'r ddau.

Roedd rhyw ddoethineb mawr yn perthyn i of Traeanglas hefyd – rhyw ddeallltwriaeth o seicoleg. Yn ôl y sôn, roedd dyn yn yr ardal, tad i chwech o blant, wedi gweld amser caled, ac yn fynych yn ddigalon. Pan fyddai hwnnw yn y falen byddai'n dweud wrth bawb ei fod am roi diwedd arno'i hun yn yr afon. Ceisiai pawb, wrth gwrs, ei ddarbwyllo i beidio â gwneud yr hyn a fygythiai. Un bore fe alwodd gyda'r gof a dweud wrth hwnnw am ei fwriad i foddi ei hun dan y bont wrth yr efail. Gofynnodd y gof iddo pa mor hir y byddai cyn dod i ben â'r dasg o foddi ei hun a dweud,

"Rwy'n brysur – mae dau neu dri cheffyl yn dod nawr. Rwy'n fodlon dod gyda ti os na fyddi di'n hir wrthi."

Aeth y ddau at yr afon gerllaw, a'r darpar foddwr yn tynnu ei got a'i wasgod a'i gap a'u taflu ar y llawr a mynd amdani. Dyma'r gof yn ei atal gan ddweud, "Fe gymerith hi rhy hir fan hyn 'chan, mae'r dŵr yn rhy isel. Dere inni fynd nes lawr."

Dyma fe'n mynd drwy'r un broses eto, tynnu'r got a'r wasgod ac yn y blaen, a mynd am y dŵr, ond y gof yn ofni y byddai'n cymryd gormod o amser, ac felly'n symud ymlaen. Digwyddodd hyn sawl gwaith: bant â'r got a'r wasgod, mynd at yr afon a'r gof yn dweud fod y dŵr yn rhy isel a bod brys arno. Roedden nhw tua milltir o'r efail erbyn hynny wrth ymyl pentre Trecastell lle'r oedd yna bwll tro mawr du a diwaelod, ger fferm Ynys Marchog.

"Dyma ni!" meddai'r gof, "Hwn yw'r lle i ti. Neidia i mewn! Fyddi di ddim yn hir cyn mynd fan hyn!" Dychrynodd y dyn am ei fywyd o weld y dŵr tywyll yn ei wahodd, a brasgamodd am adref. Bu fyw nes cyrraedd oedran teg iawn.

Un o'r dynion mwya hynod a welais i erioed oedd dyn a gâi

March   Brenin ▶

Bwrlwm

ei alw yn 'Proff' neu 'Y Proffesor'. Dyn o ardal yr Alltwen oedd e'n wreiddiol, a symudodd i Gwm Wysg yn ddyn cymharol ifanc gan wneud tamed bach o hyn a'r llall ond dim byd pendant. Roedd wedi trafaelu'r byd a gwneud pob peth, a hyn i gyd drwy ei ddychymyg rhyfeddol. Yr hyn roedd e'n ei golli mewn gallu, roedd yn gwneud iawn amdano mewn cyfrwystra. Roedd ganddo ddychymyg athrylithgar. Y gwir amdani oedd ei fod wedi dod i gredu ei straeon anhygoel ei hun, ac felly byddai'n eu hadrodd gydag argyhoeddiad llwyr.

Roedd e'n byw mewn bwthyn o'r enw Aberpedwar yn ymyl ein fferm ni, ac roedd y tu mewn i'r bwthyn yn wahanol i bob tŷ arall. Doedd e byth yn papuro'r walydd ond yn hytrach byddai'n torri lluniau o'r *Picture Post* a'r *Illustrated News* a'u gludo nhw ar y muriau. Smygai'n ddi-baid ac roedd ei ddwylo'n frown gan staen y nicotin – doedd dim dant o gwbl yn ei geg. Cyfeiriai ei wraig ato fel 'Mr Davies', ond byddai hi'n galw pawb arall yn yr ardal wrth eu henwau cyntaf bob tro. Credai hi y dylai pawb gyfarch ei gŵr fel 'Mr Davies' gan ei fod, yn ei barn hi, yn athrylith ac yn ddyn llythrennog, gwybodus. Tueddai hi i edrych lawr ar bobol y wlad gan gredu bod 'Mr Davies' wedi dod i'n goleuo fel rhyw Feseia!

Aeth dychymyg Proff ag e i America hyd yn oed. Un tro roeddwn i'n pysgota ar bwys Aberpedwar, ac wedi dala un neu ddau drowtyn digon deche yn 'y ngolwg i, pan ddaeth Proff heibio. Edrychodd ar y pysgod a dweud, "Towla nhw nôl, bachan, dyw rheina ddim gwerth eu cadw. Pan o'n i mas yn Canada, oedd y samwn mor fawr 'na o'n i'n gallu cerdded ar draws yr afon ar eu cefne nhw."

Un o'i straeon mwyaf anhygoel oedd am ei yrfa gerddorol. Yn ôl Proff roedd e wedi bod yn brif drombonydd ym mand enwog Y Waun, a bod e a Band Y Waun wedi mynd i Lundain, yn ddynion ifainc, i chwarae yn yr Albert Hall. Roedd e wedi chwarae gyda'r fath arddeliad nes y daeth Y Brenin i mewn i'r 'stafell newid ar ôl y perfformiad a'r dagrau'n llifo i lawr ei fochau gan ei longyfarch e'n bersonol. Rhoddodd bumpunt yn ei boced wrth ddweud, *"Well done, Taff"*.

Adeg y rhyfel oedd hi, a'r Proff wedi cael y swydd gyfrifol o fod yn 'Air Raid Warden'. Byddai'n mynd o amgylch y ffermydd yn rhybuddio pobol rhag Hitler ac yn sicrhau fod y 'blacowt' ar bob ffenest i warchod y cwm rhag ymosodiadau awyrennau'r gelyn. Yn wir, roedd Proff mor falch o'i swydd fe roddodd arwydd uwchben drws y bwthyn yn dweud 'Air Raid Warden'. Fe fuodd yr arwydd yno uwchben drws Aberpedwar tan yn gymharol ddiweddar!

Roedd yr holl segurdod a smygu di-baid wedi effeithio ar iechyd Proff druan erbyn y diwedd. Awgrymodd y doctor lleol y byddai'n beth da iddo gael ychydig o awyr iach ac ymarfer corff mewn ymgais i atal effaith yr holl smygu cyson. Felly, cafodd swydd postmon.

Adeg Nadolig oedd hi a phobol yr ardal, yn unol ag ysbryd yr ŵyl, yn rhoi glased bach i'r postmon i'w gynhesu. Fe gymrodd Proff fantais ar y caredigrwydd yma gan ei fod yn hoffi glased beth bynnag. Pe bai prawf anadl i'w gael bryd hynny, fe fyddai 'Mr Davies' wedi methu'r prawf yn rhacs! Rhywsut, fe gyrhaeddodd yn ôl yng Nghwm Wysg, a dod at y bont yn y cwm. Er mai dim ond un bont a fu yno ers cyn cof, roedd 'Mr Davies' yn gweld dwy a methodd ddewis pa un i'w defnyddio wrth groesi'r afon – y canlyniad fuodd iddo fe a'r beic fwrw i mewn i'r bont. Cafodd ychydig o niwed ar un goes.

Bu'n rhaid iddo fynd lawr i Abertawe a mynd

o flaen yr awdurdodau er mwyn achwyn am y diffyg arwyddion ar y bont. Enillodd Proff yn y tribiwnlys a chael 'compo' ac o hynny ymlaen byddai'n cael car i fynd ag e a Mrs Davies i Abertawe unwaith bob mis er mwyn gweld yr arbenigwr meddygol.

Yr adeg hynny, roeddwn i'n fyfyriwr celf yn Abertawe, ac roeddwn i'n cerdded drwy ganol y ddinas un prynhawn a phwy welais i'n rhedeg ar draws yr High Street ond Proff! Dyma fi'n galw arno,

"Helô Mr Davies, shwd y'ch chi?"

"O! O! O! O! Uffern diawl!" gwaeddodd, a dyma'r ddrama fawr yn dechrau. Proff yn ochneidio mewn poen a Mrs Davies yn ei ddal i fyny.

Ynghanol y perfformiad dyma Mrs Davies yn gofyn i fi a oeddwn wedi cael X-ray erioed? Doeddwn i ddim yn gwybod beth oedd X-ray ac felly dywedais nad own i.

"Gobeitho 'Neurin na fydd rhaid iti gael X-ray! Mae e'n ofnadwy o boenus. Mae Mr Davies newydd gael un bore 'ma. Paid siarad â fi – o'dd e'n ochneidio mewn poen, a dyma Gordon yn dweud wrth Mr Davies ei fod e'n ddifrifol wael ac y byddai'n rhaid rhoi 'injection' a 'X-ray' iddo ar unwaith."

"Gordon?" gofynnais.

"Ie, Gordon y *Specialist*," meddai hi.

Dyma Proff yn ychwanegu, "Roeddwn i yn y fath boen, dyma Gordon yn rhoi'r 'injection' i fi drwy'r trowsus achos bod dim amser i fi dynnu'r trowsus bant. Ar ôl yr 'injection' a'r 'X-ray' roedd Gordon mor emosiynol am 'mod i mor ddewr roedd e'n galw fi'n *'Wonderful patient'* ac fe aeth e â fi ar draws y ffordd i'r Westbourne Hotel a phrynu peint i fi. Roedd Gordon yn dweud mor falch oedd e i gael cwrdd â dyn mor ddewr."

Byddai Proff yn dod i'n tŷ ni i wrando ar y radio. Roedd 'nhad yn Gymro emosiynol ac rwy'n cofio adeg yr ornest fawr ar y *wireless* rhwng Joe Louis, pencampwr pwysau trwm y byd, a Tommy Farr, y Cymro o Donypandy. Prynodd fy nhad *wireless* cyn i'r ffeit gael ei darlledu o America ar brynhawn Sadwrn yn yr haf, a galwodd y Proff i mewn er mwyn cael clywed y ffeit.

Aeth y sylwebydd i mewn i ysbryd y frwydr "...*and the Welshman is in there standing up to the Brown*

Bomber swapping punches and fighting for Wales…" Roedd deigryn yn llygad fy nhad, ac yn sydyn daeth rhyw nam ar y darlledu fel ei bod hi'n amhosibl deall y sylwebaeth. Dechreuodd y Proff ffusto'r radio gyda'i ddyrnau, a rhyw ffordd neu'i gilydd daeth y sŵn yn fwy eglur. Aeth y Proff ati wedyn i draethu am yr adeg pan oedd e ei hunan yn bocsio'n broffesiynol yn America a'r cyfnod pan oedd e'n *sparring partner* i Joe Louis! Felly roedd Proff mewn sefyllfa berffaith i weiddi cyfarwyddiadau ar draws yr Iwerydd wrth Tommy Farr gan ei fod e'n gwybod o brofiad beth oedd gwendidau'r 'Brown Bomber'!

Dyn annibynnol ei natur oedd Johnny Watkins, Llwyn Cor. *'A man of independent means!'* – dyna sut yr hoffai Johnny, neu'r 'Old Vic' i bawb arall, weld ei hun. Yn sicr, roedd yn ddyn cyfoethog ac yn berchen ar ddeg fferm, heb sôn am arian sychion. Dyn yn hoffi byw ar wahân oedd e. Doedd e ddim am weld neb yn galw ar ei fferm a'r un oedd ei agwedd ag un ei Ewythr Philip, a byddai'n ymffrostio, "Feiddiai neb ddod i'r iard pan oedd fy Wncwl Philip yn byw yma!"

Byddai Johnny a'i frawd David Morgan yn siario'r biliau wythnosol, ond yr unig wahaniaeth rhwng y ddau oedd bod Johnny yn dwlu ar gaws, ond nid oedd ei frawd yn gwirioni'r un fath. Felly, roedd Johnny yn amddifadu'i hun o'r pleser hwnnw, er mwyn cadw bil yr wythnos yn gyfartal.

Lle hynod iawn oedd Llwyn Cor. Tyfai ywen yn yr ardd ac roedd olion hen gerrig beddau plant o'i chwmpas. Yn nhywyllwch y llaethdy roedd ffynnon o ddŵr oer. Roedd chwe ffordd yn arwain at y fferm, un drwy Afon Wysg ar draws rhyd, ond dim un hewl i gar. Ar waelod y fferm, dan y waun, ac ar bwys afon Wysg, roedd cae bach tua hanner cyfer a elwid yn 'Waun Frecwast' am y byddai Johnny yn disgwyl i'r gwas dorri'r gwair yno gyda phladur cyn brecwast!

Dyn cryf oedd Johnny, a doedd dim sôn iddo gael annwyd erioed – digon o gerdded a bwyd syml oedd i gyfrif am hynny. Yn ôl y sôn, gwerthodd geffyl yn ffair Aberhonddu un tro, ond penderfynodd gerdded yr holl ffordd adref gan gario'r cyfrwy – rhyw bymtheg milltir.

Roedd het bowler am ei ben bob dydd, ac ymhen amser datblygodd tolc yn yr het. Unwaith pan oedd yn y cylch yn gwylio'r gwerthu yn y mart yn Llandyfri, dyma rywun yn tynnu sylw at y tolc yn yr het, a chyhoeddodd yr arwerthwr yn uchel: "Os oes tolc yn yr het, does dim tolc yn ei ben e!"

Ar y penwythnosau byddai'n galw gyda ni a gofyn i Mam, "All un o'r crots (bechgyn) ddod draw i helpu?" Ar ôl inni wneud 'twrn' o waith a mynd i mewn i dŷ Llwyn Cor i gael cinio, doedd dim siarad gan y byddai hynny'n gwastraffu amser! Yr arferiad cyffredin yr adeg honno ar ddiwedd

pryd bwyd oedd i'r penteulu gau ei gyllell boced a byddai hynny'n arwydd ei bod hi'n amser ailgydio yn y gwaith – yr un gyllell, gyda llaw, a ddefnyddiai i dorri bara a nodi clustiau'r ŵyn! Dw i'n cofio ei weld yn galw adre ar y fferm, a Mam yn digwydd dod â thomatos ar y ford. "Cymerwch domato, Johnny," dywedodd hi a dyma fe'n cydio yn yr un fwya. Doedd e ddim wedi gweld tomato cyn hynny a gwnaeth ymdrech i lyncu'r domato'n gyfan. Bu bron iddo dagu wrth wneud ac aeth ei wyneb fel tomato!

Doedd dim amheuaeth fod Johnny yn gybydd ofnadwy a byddai'n mynd i eithafion i arbed arian. Roedd digon o gwningod yn y caeau ac roedd yn fwyd rhad. Ar brynhawn o haf, byddai'n chwilio am lecyn tawel i aros am gwningen fwya'r ardal i ddod i'r golwg. Un getrisen oedd yn ei ddryll, gan y byddai gwastraffu cetris yn bechod yn ei olwg. Felly, byddai'n eistedd yn ei unfan am oriau i ddisgwyl y gwningen ddod o'r twll er mwyn osgoi defnyddio mwy nag un getrisen!

Un prynhawn, roeddwn wrth y gwair gyda Johnny, ac fel crwt ifanc yn llwytho ar ben y gambo mewn cae o'r enw 'Waun dan tŷ' a oedd yn beryglus o serth. Roedd Johnny yr ochr uchaf i'r llwyth, Tudor, fy mrawd, yn llwytho o'r ochr isaf, a minnau ar y gambo. Cododd Johnny lond fforch o wair a'i wthio ata i'n drwsgwl nes i'r llwyth a'r gambo foelyd. Ces i fy nhaflu o ben y llwyth ac fe allwn i fod wedi cael niwed difrifol yn rhwydd iawn. Fy anwybyddu i wnaeth Johnny, a gwneud yn siŵr bod y gaseg yn iawn.

Dyw cŵn ddim yn cydnabod ffiniau. Roedd gast gan Johnny yn chwilio am gwningen. Yn y broses, gwelodd rhywun yr ast yn cerdded drwy braidd o ddefaid cymydog, a chlywodd Johnny am hyn. Gallai cosb ariannol ddeillio o ganlyniad i hynny, felly penderfynodd Johnny'n fyrbwyll na fyddai'n caniatáu i hynny ddigwydd eto. Felly, pan alwais i yn Llwyn Cor ar y Sadwrn arbennig hwnnw gwelais Johnny'n eistedd ar ddrws y stabal a hwnnw wedi ei osod ar badell olchi dillad. Yr hyn nad oeddwn i wedi

Cneifio

sylweddoli oedd fod yr ast mewn sach yn cael ei boddi yn y badell o dan ddrws y stabal. Galwodd Johnny arna i draw i eistedd ar y drws gydag e. Codai'r dŵr yn donnau oddi tanon ni wrth i'r ast ymladd am ei bywyd. Johnny wedyn yn gofyn i mi'n hamddenol, "Gwedwch wrtha i, bachgen, pwy yw'r *Chancellor of the Exchequer* nawr?" Dyna oedd ei ffordd e o weld a oeddwn i'n grwt galluog, ac wrth i'r dŵr yn y badell dawelu aeth ymlaen i drafod prisiau defaid ym mart Pontsenni.

Er mor anodd yw i mi gredu hynny, bu Johnny'n canlyn merch go bert o'r ardal am flynyddoedd, ond fe ddaeth e â'r garwriaeth i ben. Un o'r pethau cyntaf a ddywedodd wrthi pan geisiodd ailgychwyn y garwriaeth ymhen amser oedd, "Llongyfarchiadau ar etifeddu fferm ar ôl eich ewythr. Arhoswch chi, beth yw'ch gwerth chi nawr?" A hithau'n ateb, "Os nad oeddwn i'n ddigon da i chi cyn heddi, dw i ddim yn ddigon da i chi ar ôl heddi, chwaith!"

Yn ôl yr hanes, byddai'n newid ei ewyllys bob blwyddyn, a thrwy hynny'n creu cystadleuaeth rhwng y tylwyth i weld pwy allai roi'r pen mochyn gorau iddo. Roedd gan Johnny chwaer, ond taflodd honno allan o'r cartre oherwydd iddi ymserchu mewn dyn nad oedd ganddo lawer o gyfoeth y byd yma. Y canlyniad oedd ei hesgymuno o'r aelwyd, ac ymhen amser fe briododd hi a symud i fyw i Awstralia. Pan fyddai 'nhad yn trafod y teulu, ac yn enwi'r chwaer, byddai Johnny'n fyddar i'r cyfan a dweud nad oedd awydd arno drafod y peth o gwbl. Pam felly, wrth wneud ei ewyllys olaf, y penderfynodd roi ei gyfoeth difesur i ferch y chwaer nad oedd am ei harddel?

Wedi i Johnny ymddeol i bentref Trecastell, fe fues i'n byw yn Llwyn Cor am gyfnod. Roedd yn lle paradwysaidd, yn wyneb haul drwy'r dydd. Rwy'n cofio eistedd ar hen foncyff pren un hwyr o haf yn anadlu'r olygfa. I'r chwith, edrych i lawr dyffryn Wysg a gweld ffurfiau Bannau Brycheiniog yn y pellter, wedyn edrych dros blwyf Traeanglas, ffermydd Beiliau Gleision, Meity Isaf ac Aberhydfer, ac i'r dde, rhan o Gwm Wysg yn ymestyn i Lyn y Fan, Bannau sir Gâr a'r Mynydd Du. Rwy'n cofio meddwl, 'Dyma beth yw paradwys o olygfa,' a chael y teimlad o fod fel aderyn yn edrych ar fy hunan yn rhan o'r ehangder diamser. Ai profiadau fel hynny a'm gwnaeth yn arlunydd?

Un o'r diwrnodau mwyaf pleserus oedd y diwrnod cneifio – cneifio â gwellau yr adeg honno. Byddai pob fferm â'i diwrnod, a hwnnw'n ddiwrnod mawr, nid yn unig i'r gwragedd a fyddai'n paratoi prydau enfawr o fwyd sawl gwaith y dydd i'r cneifwyr, ond i'r cneifwyr a'r gweithwyr eraill hefyd.

Byddai'r ysguboriau'n golegau, yn fwrlwm o athronyddu ac yn llawn o wladwyr hunanddysgedig

Hyrddod

yn trafod a dadlau. Yr hyn rwy'n ei gofio'n dda yw'r hiwmor a'r tynnu coes mwyaf ofnadwy. Roedd rhaid i fachgen ifanc dderbyn hyn i raddau o ran parch i'r to hŷn. Un adeg cneifio roeddwn i wedi bod yn hebrwng merch, yr holl ffordd i Lyn y Fan y noson cynt, ac er i fi wneud hyn yn y dirgel, roedd rhywun wedi 'ngweld i. Does dim cyfrinachau yn y wlad. Roedd pawb erbyn dechrau cneifio wedi clywed am anturiaethau 'Neurin Pwll,' a dechreuodd y tynnu coes a'r arteithio fel hyn:

"Oes defaid strae o gwmpas y lle 'ma'r dyddie 'ma?"

"O, mae'n debyg bod hwrdd ifanc wedi'i weld yn ardal Llyn y Fan."

"Bois bach, un o ble oedd yr hwrdd 'ma 'te ?"

"Mae rhai yn dweud mai o'r ardal 'ma oedd e."

"Jiw! Jiw! O'r ardal 'ma!"

Erbyn hyn roeddwn yn teimlo fy hun yn cochi, ond ni fyddai hawl gan fachgen ifanc i ymateb, a byddai'r tynnu coes yn parhau am hydoedd, a phawb yn mwynhau – pawb ond fi. Rwy'n cofio'n iawn y gic olaf, "Welodd rhywun ei nod clust i weld o ba fferm o'dd e'n dod? Beth oedd enw'r fferm 'achan?"

Yr arfer adeg cneifio oedd bod y bechgyn ifainc yn dal y defaid er mwyn i'r dynion eu cneifio. Ond erbyn cyrraedd tua un ar bymtheg oed byddai hawl cymryd rhan yn y tynnu coes a hyd yn oed cymryd glased o seidir. Nid cwrw oedd y ddiod ond seidir, gan fod Swydd Henffordd yn agos, ac roedd gan bob fferm gasgen o seidr ar gyfer y cynhaeaf a'r cneifio.

Roedd un *evacuee* o'r enw Fred Fairbrother wedi dod i'r cwm o ganol Lerpwl. Mae'n annhebyg ei fod wedi gweld fferm cyn hynny, heb sôn am gneifio. Fred a fi oedd yn dal y defaid a'u cario i'r cneifwyr. Roedd hi'n ddiwrnod tanbaid a'r ffermwyr yn gweiddi *"Sheep! Sheep! Sheep!"* a gwae ni os bydden ni'n eu cadw i aros. Y merched fyddai'n gweini'r

Diwnod cneifio

seidr mewn stên i ddisychedu'r cneifwyr, ond gwnaeth y ferch arbennig hon gamgymeriad pan alwodd heibio i Fred a fi gyntaf. Y canlyniad oedd bod y stên bron yn wag erbyn i Fred a fi wneud cyfiawnder â'r cynnwys. Roedd y ddau ohonon ni'n gweld dwy ddafad am bob un oedd yn y lloc. Fe fydden ni'n rhedeg am yr un ddafad a'i methu. Roedd rhai o'r cneifwyr yn benwan, eraill yn chwerthin yn iach, eraill yn dal i weiddi *"Sheep!"* gan ddweud yn athronyddol, "Ddaw dim daioni o'r bechgyn hyn!"

▼ Taro bargen, Llanybydder
Diwrnod cneifio ▶

Cwrt-y-cadno

Dros y cenedlaethau bu'r dynion cryf yn arwyr yn y gymdeithas wledig. Rhan o chwedloniaeth Cwm Wysg oedd campau dynion cryf, ac yn arbennig bechgyn y tîm *tug o'war*. Y dynion cryf cyntaf rwy'n cofio i 'nhad a'i gyfoedion eu trafod gydag edmygedd oedd bechgyn Gwernwyddog, bechgyn Llwynmeurig a bechgyn Brynmaen. Rwy wedi darlunio nifer o'r math yma o ddynion yn fy ngwaith.

Ym 50au a 60au'r ganrif ddiwethaf roedd y diddordeb yn y *tug o' war* yn dal mewn bri, a phan fydden ni'r myfyrwyr yn dod nôl adeg y gwyliau fe fydden ni'n cael y fraint ryfeddaf o gynorthwyo'r tîm swyddogol (Cwm Wysg A) i ymarfer. Mewn gornestau, byddai Tîm B, yr un roeddwn i'n rhan ohono, yn tynnu gyntaf, a'n diben ni fyddai gwanhau'r gwrthwynebwyr cyn i Dîm A ymrafael â nhw!

Enillodd y tîm dan 25 y bencampwriaeth yn y sioe fawr yn Llânelwedd. Aelodau'r tîm hwnnw oedd: Roger Portis, Ardwyn Ynys Fawr, Phil Bwysfa Fawr, Dewi Nant-yr-Harn, Glan Beiliau Gleision, Dyfrig Trecastell, Eirwyn Beiliau Gleision, Meredith Meity Isaf a Dewi Pentwyn

Tîm Cwm Wysg A oedd: Roger, Phil, Brychan Dorallt, Gron a Mansel Pwll Isaf, fy mrodyr, Eirwyn Beiliau, Dewi Nantyrharn, Dyfrig Trecastell a Penry Penrhiw.

Yn y 50au, daeth tîm o ferched glandeg a chryf o ardal Ystradfellte draw i'r cwm i gystadleuaeth *tug 'o war*. Roedd hyn cyn adeg y jîns, ac yng ngwres y frwydr roedd y sgertiau'n codi a'r syspenders yn tasgu, a'r cyfan yn ychwanegu at yr adloniant!

Un ornest gofiadwy oedd honno rhwng tîm y Cwm a thîm yn cynrychioli pentre Trecastell. Yn ôl yr hanes buon nhw'n dala neu stago am oriau, a dim un tîm am ildio, nes i'r doctor a oedd yn bresennol neidio dros y ffens a bygwth torri'r rhaff gyda chyllell boced os na fyddai'r tynnu'n dod i ben. Byddai'r hanesion arwrol hyn yn cael eu trosglwyddo o dad i fab dros y blynyddoedd.

Yng nghyfnod 'nhad yr arwyr oedd Twm Pentwyn, bois Alltyfan, bois Brynmaen a'r ifancaf o fois Llwynmeurig. Twm Pentwyn oedd yr angor ar ben y rhaff – roedd yn ddyn dros ei chwe throedfedd yn nhraed ei sanau. Yn ôl arfer y dydd fe fydden nhw'n ffusto hoelion drwy'r esgidiau cyn gornest er mwyn cael gafael yn y ddaear. Byddai 'nhad yn adrodd y stori amdano'n tynnu yn Nhîm Cwm Wysg yng nghystadleuaeth agored Sir Gaerfyrddin a gynhaliwyd yn ardal Llangadog. Yng ngwres yr ornest collodd Pentwyn ei afael yn y ddaear a phlannodd ei droed yn ysgwydd 'nhad gan ddweud, "Dal,

▲ ▼ Tynnu rhaff

dal, Idris bach, rwy'n gwybod bod hi ddim yn dda arnot ti!"

Collodd 'nhad ei iechyd yn ddyn cymharol ifanc, ac felly, fe oedd hyfforddwr *tug 'o war* Tîm y Cwm. Rwy'n cofio gweld y bechgyn yn ymarfer mewn cae ar Ynys Alltyfan. Yr adeg honno roedd yr hyfforddi'n dactegol, bron â bod yn wyddonol, gan amseru gydag oriawr hyd yn oed. Y dyn oedd ar ben y rhaff oedd Aeron Beiliau Gleision, a feddai ar gryfder chwedlonol. Ef oedd pencampwr yr ardaloedd yn y gystadleuaeth am daflu pwysau, sef y 56 pwys. Roedd Aeron yn dilyn yn nhraddodiad ei ewythr, Tomos Gwernwyddog, sef un o arwyr fy nhad. I drigolion y cwm roedd colli gornest tynnu rhaff yn gyfystyr â thîm rygbi Cymru'n colli adeg cyfnod aur y 70au.

Byddai gornestau rhwng ardaloedd yn yr haf – timau o Bontsenni, Crai, Ystradfellte, Llandeilo'r Fan, Halfway, Llanddeusant ac ati. Mae cof gen i o'r unig dro y collodd tîm Cwm Wysg yn sioe Pontsenni pan grëwyd tîm cyfun o fechgyn cryfaf yr holl ardaloedd eraill er mwyn eu trechu. Bu cymylau duon dros yr ardal am hydoedd wedi hynny.

Sioe Llangadog oedd un o'r digwyddiadau eraill pan fyddai timau'r ardaloedd yn herio'i gilydd. Roedd hi'n olygfa fythgofiadwy gweld tîm Cwm Wysg yn cyfarfod ar iard Ynys Fawr cyn dechrau ar y daith i Langadog, pob un ar gefn ei ferlen ac yn gadael gyda'i gilydd ar garlam dros y mynydd fel Marchogion y Brenin Arthur. Mae sôn yn yr ardal hyd heddiw amdanynt. Roeddynt yn dri brawd, dau gefnder, dau frawd yng nghyfraith a gwas yn un o'r ffermydd. Dyma nhw: Aeron Beiliau Gleision, Trefor Gwernwyddog, Tom Pantglas, Bryniog Allt-y-Fan, Penry Penrhiw, Rhys Pantcrafog, Willie Pentwyn a Hywel Roderick Gwernwyddog.

Hydref

Roedd y tîm yn ddiguro, ond un tro fe ddaethon nhw wyneb yn wyneb â thîm o ddynion cryfion o ardal Cwrt-y-cadno. Nifer o frodyr oedd rhain hefyd yn ôl yr hanes. Cwympo coed oedd gwaith rhai ohonyn nhw a'r lleill yn fechgyn ffermydd, a chanddyn nhw freichiau anferth yn flew i gyd ac yn gwisgo crysau gwlanen a fyddai ar agor haf a gaeaf. Tyfodd y frwydr hon yn rhan o chwedloniaeth y ddwy ardal.

Cefais gyfle yn ddiweddar i gyfarfod â'r aelod olaf o dîm adnabyddus ac enwog Cwrt-y-cadno sef Ieuan Williams, Abermangoed – tîm nad oedd wedi colli erioed. Dywedodd am yr hanes pan âi'r wyth ohonyn nhw ar gefn beiciau o Gwrt-y-cadno i dynnu mewn gornest dros y Mynydd Du ym Mrynaman. Ar ôl brwydrau dychrynllyd, ennill y cwpan, a seiclo adref. Mae'r cwpan yn Abermangoed o hyd. Roedd e'n cofio i Gwm Wysg dynnu Cwrt-y-cadno ar yr heriad gyntaf, ond Cwrt-y-cadno yn cynhyrfu ac yn ennill y ddwy arall! Aelodau tîm Cwrt-y-cadno oedd Sam Jones, Llwyndiriaid; Tommy James, Esgairddar; Cynwil Jones, Cwmdar; Emrys Jones, Tŷ Llwyd; Ieuan Williams, Abermangoed; y

Goleuni

brodyr Seth, Ben John a Howell Jones Glanmeddyg a Dai Williams, Brynteg yn gapten.

Mae yna hanes am Aeron Beilie a'i wraig wedi mynd am ddiwrnod i lan y môr yn Aberystwyth. Roedd e'n eistedd mewn *deck-chair* ar y prom a dyn arall yn y gadair nesaf ato. Roedden nhw'n teimlo'u bod yn adnabod ei gilydd ac yn sgil y sgwrs fe sylweddolodd y ddau iddyn nhw fod yn gwrthwynebu ei gilydd yn yr ornest ryfeddol honno pan oedd y ddau ohonyn nhw yn anterth eu nerth. Roedd y gŵr o Gwrt-y-cadno yn wynegon byw, ond fe gawson nhw'r hwyl rhyfeddaf wrth ail-fyw'r hanes.

Talgarreg

FE FYDDWN I'N mwynhau'r gaeaf nes imi gael y profiad o eira mawr '47. Fyth ers hynny ar gardiau Nadolig yn unig y mae lle i eira.

Roedd y gaeaf gerwin yma'n dilyn haf broc. Drwy'r haf cafwyd glaw parhaus a achosodd anhawster dybryd i nifer o ardaloedd, yn enwedig ardaloedd gwledig yn ffinio â'r mynydd. Roedd hi'n amhosib cael y gwair sych arferol, a phenderfynodd rhai o'r ffermwyr roi cynnig ar wneud silwair am y tro cyntaf yn hanes yr ardal, heb y profiad na'r arbenigedd angenrheidiol. Felly roedd gwair sych i'r gwartheg yn brin eithriadol.

Yn eira mawr '47 collodd 'nhad lawer o wartheg – wyth buwch os cofiaf yn iawn, yn ogystal â'r lloi bach. Ond colli'r defaid oedd y golled fwya gan fod yr eira'n gorchuddio pob bryn, dyffryn a phant. Cafodd dros 700 o ddefaid eu claddu o dan y lluwchfeydd a'r unig arwydd o fywyd oedd tyllau bach maint pen bys yn yr eira. Gwres anadl y defaid o dan y lluwch a greodd y tyllau yn eu hymgais i oroesi.

Roedd afon Wysg yn llawn o gyrff defaid wrth iddyn nhw geisio cael dŵr i'w yfed ac roedd hi'n bosib croesi ar draws yr afon ar ben y cyrff hyn.

Yr adeg hynny, byddai ambell gwningen i'w gweld, ac oherwydd y diffyg

Ponis yn yr eira

Llanybydder

bwyd roedd yn bosib cydio ynddyn nhw gan eu bod yn rhy wan i redeg, ac i bob pwrpas dim ond sgerbydau oedden nhw. Nid yr anifeiliaid yn unig oedd dan warchae, gan fod y bara wedi prinhau'n fawr. Doedd dim bara ar ôl ym mhentre Trecastell, felly roedd yn rhaid cerdded i'r pentref nesa sef Pontsenni tua 6 milltir i ffwrdd, a dim ond dwy dorth y gallai un teulu eu prynu.

Anhawster arall oedd y diffyg lorïau i gario nwyddau gan fod yr hewlydd wedi eu cau gan luwchfeydd. Doedd dim posib prynu can neu fflŵr i bobi bara ffwrn. Rwy'n gallu gweld llinell hir o bobol y cwm yn cerdded a'r torthau dan eu breichiau fel delwedd o Siberia. Tudor, fy mrawd hynaf, a fi fyddai'n gwneud y siwrne ddyddiol i brynu'r bara. Yr hyn sy'n rhyfedd yw nad oes cof gennyf am unrhyw un yn achwyn, a bod pawb fel petaen nhw wedi derbyn fod hyn yn rhan o rod y tymhorau.

Parhaodd y tywydd garw tan ddiwedd mis Mawrth, ac rwy'n cofio cerdded i ran ucha'r fferm a oedd yn ffinio â'r mynydd a sylwi nad oedd y merlod mynydd yn symud. Wedyn, fe ddeallais eu bod wedi rhewi yn y ddaear ac wedi marw.

I mi, does dim rhamant mewn eira.

Merlod yn yr eira

Roedd y Nadolig yn golygu rhywbeth gwahanol i blant y wlad yr adeg honno. Yn naturiol roedden ni'n cael rhyw anrhegion, ond y digwyddiad mawr y bydden ni'n paratoi tuag ato fyddai'r eisteddfod – Eisteddfod y Nadolig, Cwm Wysg. Mae'n debyg fod hon yn un o eisteddfodau hyna'r wlad, a byddai hi'n cael ei chynnal yng nghapel Saron. Byddai pobl yn tyrru i'r eisteddfod hon o bellter byd – rhai yn dod o Landdeusant dros y mynydd, Myddfai, Gwynfe, Llangadog, Cynghordy, Llandyfri, Pentre Tŷ Gwyn, Cilycwm, Rhandirmwyn, Halfway, Trecastell, Pontsenni a Chrai.

Byddem ar aelwyd y Pwll yn paratoi am wythnosau ar gyfer yr eisteddfod. Tudor, fy mrawd, fyddai'n ennill y gystadleuaeth canu o dan 16; roeddwn i'n cystadlu o dan 14 yn erbyn Glenys Aberhydfer a Maud Gellfain; o dan 12 y ddau frawd Gron a Mansel fyddai'n cystadlu yn erbyn Elfed a Lilian Pentwyn; ac o dan 8 byddai fy chwaer Greta yn canu ac yn adrodd yn erbyn Eifiona Beiliau Gleision. Rhiannon Meity Isaf a phlant Ynysfain.

Byddai tyrfa fawr o bobl y wlad yn crynhoi yn y capel a'i furiau'n diferu. Byddai mwy o bobl y tu allan nag oedd y tu fewn, ac ar y tu allan byddai diwylliant gwahanol ar waith! Dyma adeg y 'Champion Solo', yr 'Oratorio' a'r 'Grand Opera' – doedd neb yn dweud 'Yr Her Unawd'. Roedd yna ryw Syr Geraint Evans ymhob ardal bryd hynny – dynion â lleisiau mawr, prydferth dros ben, pobl a fyddai wedi gallu gwneud

Y teulu (fi yw'r ail o'r chwith yn y rhes gefn)

bywoliaeth broffesiynol heddiw yn sicr. Roedd dau frawd yn eu bri, Tudor a Jac Maesllwydart, dau fariton swynol yn steil Verdi; Brychan Powell wedyn o Halfway; Tudor Pwll, fy mrawd, ac yn ddiweddarach Phillip Watkins, Castell Du. Roedd yr ardal yn frith o gantorion rhyfeddol.

Yn rhyfedd ddigon, yn gymysg â'r diwylliant a'r cyfeillgarwch, roedd yna gweryla a'r 'cythraul canu'. Rwy'n cofio, pan oeddwn yn grwt, yr anghydweld rhwng aelodau Côr Llandeilo'r Fan, Côr Crai a Chôr Cwm Wysg yn creu ryw fath o ryfel cartref. Aeth pethau mor bell nes yr heriodd un o ddynion Crai y dewraf o ddynion Cwm Wysg. Roeddwn i fel crwt ifanc yn meddwl "Dyma hi!" Doedd dim teledu'r adeg honno, ac roedd i grwt weld dynion mewn oed yn cweryla yn ddiwedd y byd. Pan roddwyd y sialens i bobol Cwm Wysg, pwy dynnodd ei got i'w herio ar ran y cwm, ond *anchorman* y tîm *tug 'o war* a disgynnodd tawelwch.

Roedd un gorchwyl cyn y steddfod, sef cael y piano i mewn i'r capel o'r festri lle byddai drwy'r gaeaf gan fod y festri'n haws i'w chynhesu na'r capel. Rhaid oedd i rywrai gario'r piano allan o'r festri, i lawr y grisiau, dros y wal, trwy'r fynwent ac wedyn i mewn i'r capel. Dynion mawr cydnerth yr ardal fyddai'n cario'r piano bob amser. Fe fydden ni, fechgyn ifainc, yn edrych ymlaen at y dydd pan fydden ni'n gallu gwneud hynny.

Wrth gwrs, roedd eisteddfodau eraill heblaw un Cwm Wysg. Câi Eisteddfod Crai ei chynnal y noson ddilynol, Gŵyl San Steffan, ond un o'r rhai mwyaf oedd eisteddfod pentref Trecastell. Yn yr eisteddfod honno y byddai'r pencampwyr ym myd llên a cherddoriaeth yn crynhoi, a byddai teuluoedd cyfan yn cerdded milltiroedd o'r mynydd i'r pentref. Yr hyn sy'n rhyfedd yw nad oedden nhw'n gweld hynny'n faich am fod llond hewl ohonyn nhw'n chwerthin a thynnu coes. Pan oeddwn yn blentyn bach iawn byddwn yn clywed 'Yr Ornest' a'r 'Dymestl', ac erbyn fy mod i'n chwech oed roeddwn yn eu gwybod ar fy nghof. Dyna fyddai siarad yr ardal am fis a rhagor. Neb yn siarad am rygbi na phêl-droed. Yr eisteddfod oedd testun pob siarad.

Pan fyddai cadeirydd y noson yn areithio, yn enwedig os byddai'n hirwyntog, byddai'r neuadd yn gwacáu, a byddai rhai'n mynd i dŷ ym mhentref Trecastell o'r enw Bear House. Yn y tŷ hwnnw byddai gwraig fach serchog yn paratoi gwledd o de a chacennau a brechdanau, a llond y tŷ o bobol yn parablu a chael hwyl. Yr hyn sy'n rhyfedd yw nad oes cof gennyf am y wraig fach yma'n codi tâl erioed. Hyd yn oed heddiw yn Eisteddfod Capel Uchaf ar Epynt mae yna deulu sy'n byw ar fferm

Diwedd dydd

yn ymyl y neuadd yn paratoi lluniaeth am ddim i'r sawl sy'n dymuno. Mae caredigrwydd yn sicr yn un o nodweddion pobl Epynt, a'r ardaloedd cyfagos.

Cerddoriaeth oedd un o nodweddion amlycaf ein teulu ni. Ar ein haelwyd ni byddai canu bob amser. Roedd fy rhieni'n rhan o bedwarawd eitha llwyddiannus: 'nhad â llais bas cyfoethog, Mam yn alto dda, a chymdogion sef Willie ac Edith Lewis, fferm Pentwyn, yn denor a soprano.

Os na fyddai 'nhad yn arwain neu'n ymarfer y côr bach lleol, byddai'n paratoi cymdeithas y capel at y Gymanfa Ganu Undebol flynyddol, a gâi ei chynnal mewn capel yn Nefynnog a Soar, Trecastell, am yn ail. Trwy gydol y flwyddyn byddai eisteddfodau'n cael eu cynnal, ac roedd Tudor, fy mrawd hynaf, wedi dod yn adnabyddus fel canwr yn gynnar iawn – o gapel Y Babell ar Epynt i Landdeusant, Llandyfri, Llangadog, Crai, Cilycwm a Rhandirmwyn. Doedd dim car ar gael bryd hynny, felly byddai Tudor a 'nhad yn mynd i'r eisteddfodau ar gefn merlen.

Roedd Tudor yn berffeithydd, ac rwy'n ei gofio'n canu wrth adael clos y fferm ar gefn merlen a mynd allan gyda'r hwyr i fugeilio'r defaid ar y rhosfa ger Llyn y Fan. Roedd ceisio dilyn y fath lwyddiant yn anobeithiol i ni weddill y teulu! Ar ôl i lais Tudor dorri a datblygu'n denor, fe fuodd e fel nifer o gantorion yn ffodus dros ben i gael hyfforddiant llais gan un o sêr Covent Garden sef

Watkins, Merthyr a ddaeth nôl i'w ardal i fyw. Yn dilyn yr hyfforddiant hwnnw, datblygodd Tudor yn un o gantorion adnabyddus eisteddfodau mawr a mân. Roedd yn canu caneuon opera a chaneuon gwladgarol, ond ei hoff gân oedd 'Wafter Angels' gan Handel.

Un tro roedd Tudor yn cystadlu yn eisteddfod fawr Llangadog, a chafodd ei ddewis yn un o bedwar canwr i ymddangos ar y llwyfan ar yr Her Unawd Agored. Y beirniad oedd y diweddar Andrew Williams o Aberteifi. Rwy'n cofio rhan o'r feirniadaeth sef, "Rydyn ni wedi clywed tri llais arbennig iawn y prynhawn 'ma, ond un eos, Tudor."

Yn nes ymlaen yn ei yrfa byddai'n cystadlu yn eisteddfod fawr Crai a gâi ei chynnal yn Theatr y Garisson yng ngwersyll milwrol Pontsenni. Byddai tyrfa enfawr yn crynhoi yno, beirniaid o fri, a rhai o gantorion gorau'r wlad yn cystadlu, gan gynnwys enwogion y cymoedd glo. Erbyn hyn, roedd iechyd Tudor yn fregus, ac ar yr achlysur hwnnw fe dorrodd Tudor i lawr yng nghanol y gân. Daeth *crescendo* o glapio byddarol o du'r gynulleidfa a'i annog yn ôl i'r llwyfan. Llwyddodd yr ail dro a phenderfynodd y beirniaid ddyfarnu'r wobr iddo.

Sêl fferm, Llangeitho

Fᴇ ꜰʏᴅᴅ ʀʜᴀɪ'ɴ gofyn i fi sut y dechreuodd Aneurin Jones arlunio ac yntau'n dod o ardal heb unrhyw gefndir yn y gelfyddyd. Roedd 'nhad yn ymddiddori mewn arlunio – gwneud llun ceffylau, pontydd, mynyddoedd, pobol. Bydden ni, fel teulu, yn ymarfer tynnu llun. Rwy'n cofio nawr yr aelwyd yn ein tŷ ni a ninnau'n tynnu lluniau mewn pensil yng ngolau hen lamp fach ar y ford. Mewn eisteddfodau lleol fe fyddai cystadlaethau arlunio megis gwneud portread ac roedd hyn yn gyfle i ymarfer ein dawn. Fe fues i'n cystadlu'n erbyn 'nhad – ond ail fyddwn i!

▲ ▶ Hunan-bortreadau

Ymhell cyn mynd i'r coleg byddwn i'n gwisgo'n fohemaidd ac yn edrych fel myfyriwr celf gan fy mod i'n gwisgo cot fy hen dad-cu, Joseff Jones, cot hir gyda botymau lan i'r top. Roeddwn i'n edrych fel arlunydd ymhell cyn i mi fod yn arlunydd!

Mawr yw fy nyled i bobol ddiwylliedig yr ardal am feithrin a chefnogi fy nawn. Roedd y ffeirad, Jones Davies a'i wraig yn gefnogol i fy ngwaith arlunio. Fe fyddwn i'n galw yn y Ficerdy a chael sgwrs gyda'r ffeirad am gelf a phensaernïaeth.

Jones Davies oedd Curadur Amgueddfa Aberhonddu a

cholofnydd cyson i'r *Brecon & Radnor Express*. Amser rhyfel bu yn y Llynges, ac roedd ganddo brofiadau mawr ac ysgytwol i'w hadrodd yn fynych am y pethau roedd e wedi'u gweld pan oedd e ar y môr. Roedd hefyd yn arbenigwr ar wneud gwin cartref, a chefais y profiad o flasu'r cynnyrch hwnnw droeon. Byddai bob amser yn fy atgoffa mai er lles ei iechyd oedd y cyfan! Fe wnes nifer o luniau eglwysig gwahanol iddo, ac mae un llun a wnes i o ddyn o'r enw Brutus yng nghyntedd yr eglwys o hyd.

Byddai Jones Davies yn galw'n achlysurol i gael sgwrs gyda 'nhad. Roedden nhw'n ffrindiau mawr ac yn tanio bobo bib ac yn trafod y byd a'i bethau. Heblaw am y ffaith ei fod yn ysgolhaig ac yn hanesydd, roedd e wedi ei fendithio â dawn dweud y cyfarwydd. Mae'n debyg nad oedd ef a'i wraig yn gweld lygad yn llygad, ac o dan yr amgylchiadau, symudodd hi nôl i Ffrainc, a diddymwyd y bartneriaeth,

Dyn o flaen ei oes oedd Jones Davies ac roedd gennyf y parch eitha iddo. Pan oedd pob sir arall yng Nghymru â'i thafarndai yn 'sych' ar y Sul, roedd Brycheiniog ar agor. Byddai'r Parch. Jones Davies yn cerdded i mewn i'r Three Horseshoes a chael glased o gwrw a sgwrs gyda ni'r bobol. Parchai pawb ei onestrwydd. Fe oedd un o'r dynion a'm hanogodd i fynd i astudio celf a dywedodd wrth 'nhad fod gennyf ddawn arlunio ac y dylwn i fynd i goleg celf.

Dyn arall a gafodd ddylanwad mawr arna i oedd offeiriad arall sef Thomas Jones, Traeanglas. Dyn bach o gorff oedd Thomas Jones, ac yn briod â menyw uniaith Saesneg, gwraig o dras fonheddig a fu mewn ysgol fonedd. Roedd hi wedi'i thrwytho yn y clasuron llenyddol a'r celfyddydau cain. Gwraig dawel a bonheddig, o bryd a gwedd gwelw iawn, a byddai clywed twrw a sŵn yn atgas ganddi. Ar adegau byddai'n anodd cael sgwrs gyda nhw oherwydd roedd hi'n uniaith Saesneg, ac yntau'n gyndyn i siarad unrhyw iaith ond y Gymraeg.

Aneurin.

Cefais fenthyg nifer o lyfrau gan y ddau. Gan Thomas Jones cefais nifer o weithiau llenyddol gan gynnwys gwaith Dewi Emrys. Roedd e'n fy annog i gofio cymaint o farddoniaeth ar fy nghof ag oedd yn bosib. Flynyddoedd wedyn, fe fues i'n llythyru'n gyson â Dewi Emrys yn ei golofn 'Pabell yr Awen' yn *Y Cymro*, a lluniais sawl telyneg a'u hanfon iddo. Mae'n flin gyda fi nawr na fuaswn wedi cadw'r llythyron yn llawn cynghorion a dderbyniais ganddo.

Wrth ddisgwyl bws i ddod 'nôl i Drecastell o Aberhonddu fe gefais gynnig reid adre yn y car gyda ffeirad Traeanglas a'i wraig. Roedd hi'n siwrnai beryglus gan ei fod yn anwybyddu pob cornel ac yn poeni dim ar ba ochr i'r llinell wen y gyrrai'r car. Iddo fe roedd yr hewl yn glir bob cam o Aberhonddu i Drecastell. Un tro, wrth i ni gyrraedd pentre Pontsenni, dyma gi'n rhedeg ar draws y ffordd o'n blaen ni, a gwasgodd y ffeirad ar y brêc nes i mi lanio yng nghôl ei wraig yn y sedd ffrynt. Gwaeddodd hithau, "Thomas! Thomas! *Be careful!*" Roedd y doctor wedi ei chynghori i beidio â chynhyrfu oherwydd ei chalon wan, ond gyrru yn ei flaen wnaeth Thomas a'i hanwybyddu hi'n llwyr, fel petai hynny'n beth hollol naturiol i'w wneud.

Roedd Thomas Jones yn eisteddfodwr pybyr a beirniad llengar – byddai cryn alw amdano yn eisteddfodau'r ardal. Anfynych y byddai'n annog ei eglwyswyr i fynd i'r eglwys gan y gallai hynny amharu ar yr amser a gâi i ddarllen a myfyrio.

Un o'r dylanwadau mwyaf arna i, ac ar yr ardal gyfan, oedd Willie Tŷ Gwyn, mab fferm o Gwm Wysg. Aeth i'r cymoedd glo yn ddyn ifanc i fod yn athro, ond collodd ei iechyd, a dychwelyd i Gwm Wysg. Fe oedd arweinydd y fro ac fe greodd gymdeithas ddiwylliannol yn y festri i bobol ifanc ac oedolion. Ar ddiwedd y cyfarfod cyntaf, rwy'n cofio 'nhad yn diolch iddo ar ran pawb oedd yn bresennol, gan ddweud ein bod ni i gyd yn ddiolchgar i Willie am "dorri'r gwys gynta mor syth". Dyna a wnaeth yn sicr, ac fe dorrwyd gweddill y cwysi yn ei sgil.

Fe fyddai pobol yn dod o bell ar gefn beic i'r festri – dramâu, cyngherddau, chwarae drafftiau, darllen papur am enwogion. Byddai'r cyfarfodydd hyn yn digwydd bob nos Iau yn y gaeaf, ac fe fydden ni'n cael ein hannog i gymryd rhan. Rwy'n ei gofio un noson yn dweud fel hyn, "Aneurin, nos Iau nesa rwy am i ti roi noson ar Michelangelo." Yn naturiol wedyn, byddwn i'n dal y bws fore trannoeth er mwyn mynd i'r llyfrgell yn Aberhonddu i fenthyca llyfrau.

Pleser pur oedd y cyfarfodydd hyn, a'r bobol, yn ogystal â chael eu diddanu, yn dysgu hefyd.

Saron, Cwmwysg

◀ Oedfa
▼ Golau Ieuad II

Câi darlithwyr adnabyddus iawn eu gwahodd yno. Cofiaf Bob Owen, Croesor yn darlithio nid am ryw hanner awr, ond am ddwy awr yn ei hyd a phawb yn mwynhau'n enfawr gan ochneidio wrth i'r ddarlith ddod i ben. Testun y ddarlith oedd 'Menywod' ac rwy'n dal i'w chofio bron air am air.

Fe fyddai Willie Davies yn dod â llyfrau am arlunwyr i fi, megis Stubbs, yr arbenigwr ar geffylau, ac yn dweud wrtha i, "Rhaid i ti fynd ymlaen i Goleg Celf." Cawr o ddyn diwylliedig oedd Willie Davies a weithiodd yn galed dros gynnal diwylliant y fro ac mae ei ddylanwad yn fawr arna i ac ar bawb arall yn yr ardal.

Oherwydd Willie Davies daeth capel Saron yn lle goleuedig a rhyfeddol i mi. Does dim hanes am siop na thafarn yn y cwm. Dw i ddim yn gapelwr, ond does dim un adeilad wedi golygu cymaint i mi â chapel Saron, Cwm Wysg. Rwy'n dal yn aelod yno wedi'r holl flynyddoedd, ac efallai mai dylanwad y lle sy'n cyfrif pam rwy wedi peintio nifer fawr o gapeli yn fy lluniau. Mae'r capeli yn fy lluniau'n symbol o bobol yn dod at ei gilydd i greu diwylliant a chael pleser mewn rhywbeth uwch na phethau materol y byd.

Argymhellodd Jones Davies fy mod yn mynd i weld y Cyfarwyddwr Addysg i geisio am grant i fynd i'r Coleg Celf. Fe es i lawr i gael cyfweliad gyda Kenneth Hancock, Prifathro Coleg Celf Abertawe, ac fe ddaeth 'nhad gyda fi. Crëodd fy nhad, y gwladwr hunanddysgedig, gryn argraff ar Hancock.

Dyna'r tro cyntaf imi fod yn Abertawe. Ochr draw i'r Coleg Celf mae Oriel Glynn Vivian, yr oriel gyntaf imi ymweld â hi. Profiad bythgofiadwy oedd cael mynd i mewn i'r Glynn Vivian i weld lluniau Augustus John, gwaith y Prifathro Hancock, lluniau Evan Walters, yr athrylith Cymraeg o Langyfelach ac eraill – a chael fy syfrdanu.

Coleg Celf Abertawe

F<small>E ES I</small> i Goleg Celf Abertawe i ddysgu crefft arlunio.

Doedd dim neuaddau myfyrwyr bryd hynny, ac fe fues i'n aros mewn llety – sawl llety a dweud y gwir – yn ystod fy nghyfnod fel myfyriwr. Y llety cyntaf imi aros ynddo oedd 14 Woodlands Terrace, Constitution Hill, Abertawe. Fi oedd yr unig fyfyriwr yno ar y dechrau, ond fe ddaeth myfyriwr celf arall i ymuno â fi, sef Bob Pritchard. Roedd atal dweud ar Bob, ond roedd yn gerflunydd gwych. Unig blentyn oedd e, ac roedd ei fam wedi dod i'w hebrwng i'r llety. Pan gyrhaeddodd, un cês mawr oedd gydag e ac fe gariodd e'r cês mawr 'ma lan i'r llofft ar ôl llawer o drafferth a'i roi ar y gwely yn ein stafell ni.

Coleg Celf Abertawe yn y 50au

Pan agorodd e'r cês fe ges i syndod oherwydd roedd y cês mawr yn llawn afalau. Roedd e wedi dod â'r cês anghywir o Frynmawr! Fe fuodd e a fi yn bwyta'r afalau un ar ôl y llall a chael hwyl fawr. Roedd rhai o'r afalau'n hanner pwdwr ac fe dowlon ni'r rheiny mas drwy'r ffenest yn erbyn y wal gyferbyn, a honno newydd gael ei gwyngalchu. Fore trannoeth, dyma wraig y llety'n cadw sŵn ar Bob oherwydd y marciau brown ar y wal gyferbyn. "Hen fochyn brwnt y'ch chi!" ac aeth ymlaen i daeru 'mod i'n bihafio'n iawn cyn iddo fe gyrraedd! Fe geisiodd Bob esbonio, er gwaethaf ei atal dweud, mai staen afalau pwdwr oedd y lliw brown ar y wal, ond roedd hi'n credu ei fod e wedi gwneud rhywbeth arall a'i dowlu fe mas drwy'r ffenest!

Roeddwn i'n tynnu coes Bob yn ofnadwy ar adegau. Un tro roedd Bob wedi gwneud trefniadau i gwrdd â rhyw ferch bert am y tro cyntaf ac fe ofynnodd i fi dorri'i wallt. Fe dorrais ei wallt e, ond ar ôl torri un ochor o'i ben e'n grop fe redais i gwato. Buodd yn rhaid i Bob druan fynd i gwrdd â'i gariad newydd gyda'r gwallt ar un ochor ei ben yn fyr, fyr – bron yn foel, a chnwd o wallt naturiol ar yr ochor arall.

Doedd Bob ddim yn dod o deulu cyfoethog, ac fe wnaeth ei dad bwyso arno i gael llety rhatach. Fe gaethon ni'n dau lety rhatach yn Townhill, ond roedd y llety newydd yn oer a digysur. Fyddai gwraig y llety ddim yn cynnu tân ac fe fyddai'n rhaid i Bob a fi eistedd yn ein cotiau mawr i gadw'n gynnes.

Ond y peth gwaethaf am y llety oedd y bwyd. Rwy'n credu, hyd y dydd heddiw, fod gwraig y llety'n mynd i'r farchnad ac yn prynu cig ceffyl, achos roedd e'n ofnadwy o wddyn. Nid dim ond y cig oedd yn wael. Roedden ni'n dau'n cael prydau diddiwedd o letys. Bob dydd fe fyddai Bob a fi'n gofyn iddi a allen ni gael rhywbeth heblaw'r letys tragwyddol, ond ateb y fenyw oedd bod letys yn dda i fechgyn ifanc ar eu prifiant. Yn y diwedd fe ddywedodd Bob wrthi, "Fenyw, mae rhaid i fi gael rhywbeth heblaw letys – rwy wedi dechrau rhedeg i mewn i bob twll wela i!" Roedd ateb parod gan Bob bob amser. Mewn gwers ar Anatomeg i ryw bymtheg ohonon ni, fyfyrwyr y flwyddyn gynta, fe osododd Pennaeth yr Adran gerflun o benglog ar y bwrdd yng nghanol yr ystafell. Dyma fe wedyn yn gofyn, "Oes myfyrwyr disglair yma eleni?" Neb yn ateb – distawrwydd. Aeth ymlaen i holi, "Ai penglog dyn neu fenyw yw hwn?" Yn sydyn, dyma lais Bob yn dod o'r rhes gefen: "Rwy'n credu 'mod i'n gwybod." "Wel, penglog dyn neu fenyw yw e?" gofynnodd y Pennaeth. A dyma Bob yn ateb, "Penglog menyw!" "Cywir!" meddai'r Pennaeth, "sut roeddech chi'n gwybod?" Ac esboniodd

Bob: "Mae'r geg ar agor!" Lledodd awgrym o wên dros wyneb y Pennaeth.

Byddai pobol y cymoedd yn tyrru i Abertawe, yn enwedig ar nos Sadwrn. Pobol o'r wlad oedd llawer ohonyn nhw, wedi dod i'r ddinas i weithio ac felly roedd y Gymraeg yn amlwg. Un o'r rhain oedd ffrind imi a chymeriad caredig iawn y bues i'n cydletya gydag e, sef Dai Llansadwrn. Roedd gan Dai swydd uchel fel Swyddog Tollau yn y dociau. Roeddwn i'n smygu pib bryd hynny ac roedd Dai, gan ei fod e'n fachan caredig iawn, yn dod â'r baco gorau adre i fi. Wnes i ddim holi ble roedd e'n cael y baco! Fe fues i fel gŵr bonheddig yn smygu baco gorau'r byd am ddwy flynedd. Pan fyddwn i'n smygu yn y coleg fe fyddai aroglau hyfryd baco arbennig Dai yn llanw'r lle a phawb yn eiddigeddus ohona i. Roedd pawb yn rhyfeddu sut y gallai myfyriwr tlawd fforddio'r fath faco drud.

Dwy hen wraig oedrannus, dwy hen fenyw fach sidêt, oedd yn cadw'r llety lle roeddwn i a Dai yn aros. Roedd llygod wedi bod yn broblem yn y tŷ ar un adeg, a bob nos fe fydden nhw'n rhoi trap llygod lawr o dan y seld fel rhyw fath o ddefod, ond byth yn dala dim byd.

Roedd car gyda Dai ac un noson roedd e a fi wedi bod mewn dawns yng Ngorseinon. Ar y ffordd nôl fe aeth car Dai dros ben cwningen a'i lladd hi. Dyma ni'n stopo'r car, ac fe dowlais i'r gwningen i mewn i'r bŵt. Wedyn fe es i â'r gwningen

Rhandirmwyn

farw gyda fi i mewn i'r llety a'i dodi hi yn y trap llygod o dan y seld.

Fore trannoeth roeddwn i wrthi'n bwyta 'mrecwast a dyma'r hen wraig yn dweud yr un frawddeg a fyddai hi'n ei hadrodd wrth ei chwaer bob bore, "Sgwn i a oes rhywbeth yn y trap bore 'ma, Doris?" ac yna'n rhoi ei ffon i mewn dan y seld er mwyn tynnu'r trap llygod mas. Fe sgrechodd y ddwy'n uchel pan welon nhw'r anghenfil mawr blewog yn y trap!

Gan fod Dai a fi'n cadw oriau hwyr, fe fuodd gwraig y llety'n cadw sŵn a phregethu wrthon ni a dweud, "Fydd dim swper i chi heno, y bygers, os byddwch chi'n hwyr! Ac rwy'n mynd i glou'r drws!" Ateb Dai oedd: "Dyna fe Mrs Evans, cloiwch chi'r drws. O ran y bwyd r'yn ni'n 'i gael 'ma, fe ddown ni miwn o dan y drws!"

Oherwydd fod gan Dai swydd bwysig yn nociau Abertawe roedd e ar alwad am bedair awr ar hugain ar adegau. Un noson arbennig roedd rhyw drosedd wedi ei chyflawni ar fwrdd llong yn y dociau, ac felly roedd rhaid cael Dai yno i archwilio'r sefyllfa. Erbyn hyn roedd Dai a minnau wedi symud i letya yn y YMCA yn Abertawe, ac yn rhannu stafell gyda dau wely sengl, a finnau nesa at y drws. Hyrddiwyd y drws ar agor tua thri o'r gloch y bore, a dau blismon yn slapio fy wyneb ac yn fy ysgwyd nes oeddwn ar ddihun, ac yn gweiddi, *"C'mon Dai, wake up."* Wrth gwrs, roedd y Dai iawn yn cysgu ci bwtshwr ac yn ei chael hi'n anodd peidio â chwerthin yn uchel. O dipyn i beth, daeth y ddau blisman at eu coed a deall fod y dyn anghywir ganddyn nhw.

Y YMCA oedd un o'r llefydd gorau i fi aros ynddo yn Abertawe. Tu blaen yr adeilad roedd arwydd enfawr 'YMCA', gyda'r llythyren 'C' yn siglo'n fregus ar gorden. Roeddwn yn cydletya gyda thua 30 o fyfyrwyr eraill o bob rhan o'r wlad a sawl gwlad arall – rhai o'r Brifysgol, y Coleg Technegol, y Coleg Hyfforddi a'r Coleg Celf. Mantais y lle hwn oedd ei fod yn rhad ofnadwy ac roedd perffaith ryddid yno! Roedd e'n lle hwylus dros ben, ond anobeithiol i wneud unrhyw fath o astudio. Doedd dim oriau arbennig, ac roedd gan bob un ei allwedd ei hun i'r lle.

Yr adeg hynny, roedd tri myfyriwr o Frycheiniog yn aros yno – fy mrawd, Mansel, a oedd yn astudio Hanes yn y Brifysgol, Brian Taylor ac Alan Bevan. Roeddwn wedi bod yno tua blwyddyn cyn i Mansel gyrraedd ac wedi addo paratoi'r ffordd iddo, ond roeddwn wedi anghofio cael lle iddo aros y noswaith cyn ei gyfweliad yn y Brifysgol. Felly, doedd dim gwely ar gael iddo fe yn y YMCA. Ond, drwy lwc, roeddwn yn eitha cyfeillgar gyda'r gofalwr, felly, dyma droi ato fe i ofyn am gymwynas a

Aneurin

Aneurin

thrugaredd. Yn y diwedd, llwyddodd Mansel i gael noson o gwsg yn y celloedd a rhannu gwely gyda'r gofalwr a bwysai dros ugain stôn ac a fyddai'n sobor, ar adegau! Llwyddodd Mansel i gael ei dderbyn i'r Adran Hanes, a maddeuodd i fi 'mhen amser.

Weithiau fe awn i'r Clwb Snwcer yn yr 'YM' i gael ambell gêm, ac fe chwaraeais i sawl gêm yn erbyn y ddau frawd enwog sef y pêl-droedwyr John a Mel Charles. Y cof sy gyda fi yw bod Mel yn rhegwr mawr, ond bod John yn fwy o ŵr bonheddig.

Roeddwn i'n mwynhau yn y coleg, ond pan ddaeth Bill Price i ddarlithio yno yn ystod fy ail flwyddyn, bryd hynny yr agorwyd fy llygaid at ryfeddodau a chyfrinachau byd celf. Roedd Bill Price yn enedigol o Abertawe ac wedi ennill y Prix de Rome, sef ysgoloriaeth bwysig i fynd i Rufain am bum mlynedd i astudio celf. Roedd e'n un o'r arlunwyr mwya galluog rwy wedi'i gyfarfod erioed. Byddai popeth yn dod yn rhwydd iddo fe – rhy rwydd efallai. Rwy'n cofio gweld ei waith e'n cael ei arddangos yn Oriel Glynn Vivian. Doedd arian ddim yn bwysig iddo ac rwy bron yn sicr iddo roi ei luniau am ddim i achosion teilwng megis ysbytai.

Bill Price yn fwy na neb arall a agorodd fy llygaid at ryfeddodau Arlunio Clasurol. Gwnaeth astudiaeth ddofn o arlunwyr yr Eidal a Degas, y Ffrancwr, ac roedd yn feistr ar y dechneg o greu llun yn gelfydd. Fe ges i bedair blynedd o addysg ganddo a bu dylanwad Bill Price arna i'n ddylanwad gydol oes.

Pan fyddai Bill Price yn fy ngweld i yn y coridor fe fyddai bob amser yn gofyn i fi sut roeddwn i'n dod mlaen. Os byddwn i'n digwydd dweud 'mod i'n cael trafferth fe fyddai e'n tynnu llun ar y wal yn y fan a'r lle gyda'i bensil a dangos i fi beth oedd wedi mynd o'i le a sut y byddai'r meistri fel Raphael wedi datrys y broblem. Wrth fynd i'r coleg yn y bore fe fyddwn i'n cerdded heibio cartref Bill. Fe fyddwn i'n aml yn galw i mewn amdano fe ac yn cydgerdded gydag e i'r coleg.

Byddai Bill Price yn dweud yn aml ei fod yn siomedig ar ddatblygiadau'r byd celf modern a bod celfyddyd ar ben. Bryd hynny cafodd llawer o'r dwli modernaidd ei gyflwyno – ond doedd e ddim cynddrwg â'r gwaith celf modern heddiw. Siom fawr iddo ef ac i eraill oedd chwalu'r casgliad o gelf clasurol y coleg – megis y cerfluniau Groegaidd yn y coridor. Tristwch mawr i Bill oedd bod y

◀ *O'r chwith i'r dde mewn cylch* Y dyn anghofus, Cymeriadau, Y beirniad, Gwyliwr

cerfluniau lluniaidd wedi cael eu cludo o'r coleg a'u chwalu gyda gordd ar y safle lle bu'r bomio. Fe'u gwaredwyd nhw i gyd.

Ar yr adeg yma fe ges i'r hwyl ryfeddaf yn ymweld â rhai o hen dafarndai Abertawe a phortreadu'r rhai oedd yn eu mynychu. Roedd yna stryd o hen dai a thafarndai yn cysgodi y tu ôl i'r farchnad, ac ynddi hi gymdeithas hynod ddiddorol o hen deuluoedd yr ardal a fyddai'n crynhoi mewn tafarndai bach fel The Apple Tree a The Orchard, llefydd sydd wedi diflannu erbyn hyn. Heblaw bod y stafelloedd mor fach, byddent mewn rhyw hanner tywyllwch, yn llawn o fwg baco a mwg tân glo yn dod o'r grât.

Roedd yna awyrgylch naturiol ynddynt fel a geir mewn gweithiau rhai o hen feistri'r Iseldiroedd yng nghyfnod aur yr ail ganrif ar bymtheg – paentwyr fel Adriaen Brouwer a David Teniers. Roedd y bobol hyn yn hynod o gartrefol ac wrth eu boddau 'mod i'n eu portreadu – hwyrach mai anfarwoldeb oedd yr apêl. Doedd neb wedi fy annog i fynd i'r ardal hon, ond roedd gan y gymdeithas liwgar hon apêl arbennig i mi, a byddai'n llawer gwell gen i eu darlunio nhw nag astudio diwydiant a llongau'r dociau fel y myfyrwyr eraill.

Rwy'n difaru hyd heddiw imi golli'r *sketchbook* oedd gen i yn ystod y cyfnod hwn – mwy na thebyg i mi ei adael ar ôl yn un o'r tafarndai hyn. Roedd deunydd sawl arddangosfa gyffrous yn y llyfr hwnnw. Roedd hyd yn oed sgetsys o Dylan Thomas ynddo, gan y byddai e'n dod i mewn i eistedd ar ein cyfer ni'r myfyrwyr gyda'r nos.

Mae un ffrind arbennig o ddyddiau coleg y mae'r atgofion am ei ddwli a'i gampau'n aros yn fyw yn fy nghof wedi'r holl flynyddoedd – Ceri Davies, mab i weinidog o Bontardawe. Dyn bach tenau, eiddil oedd Ceri a chreadur cymdeithasol, cymwynasgar ac wedi iddo ddechrau gweithio fe fyddai'n talu am ddiodydd i ni'r myfyrwyr.

Fe fyddai Ceri'n gwneud pob math o bethau drygionus. Un tro roedd yr Adran wedi cael *easels* newydd sbon ac roedd Ceri wedi penderfynu mynd ag un mas i'r Stryd Fawr. Mynnodd Ceri fy mod i'n gwneud hefyd, ac roedden ni'n dau fan hynny yn arlunio gyda bobo *easel* yng nghanol Stryd Fawr, Abertawe. Fe ddaeth yr heddlu a'n symud ni'n dau a Ceri'n dadlau gyda nhw. Yn y diwedd, fe aeth Ceri adre â'r *easel* gyda fe ar y bws. Drannoeth dyma'r gofalwr yn dweud wrth Brifathro'r Coleg fod un o'r *easels* newydd ar goll. Fe ddaeth y Prifathro a gofyn i fi, "Jones, ydych chi'n gwybod rhywbeth

am yr *easel* yma sy ar goll?"

"Nag ydw, syr," meddwn i.

Dyma fe'n troi at Ceri, "Davies, ydych chi'n gwybod rhywbeth am yr *easel?"*

Ac meddai Ceri wrtho fe, "Mae rhyw annibendod rhyfedda yn y coleg 'ma – fe golles i'n hunan bensil yn y lle 'ma ddoe".

Dro arall roeddwn i wrthi'n arlunio a dyma Hancock, y Prifathro, yn dod i mewn ac yn eistedd ar fy mwys i. Fe agorodd y drws yn sydyn a dyma Ceri'n dod i mewn yn wyllt ac wedi cael diferyn bach. Fe safodd e tu ôl i ni a rhoi un fraich o gwmpas fy ysgwydd i a'r llall o gwmpas ysgwydd Hancock a dweud wrtha i gan edrych ar y Prifathro yr un pryd, "Rhaid i fi ddweud Aneurin, mae hwn yn dod mlaen yn dda, on'd yw e?"

Rhaid oedd i fi, fel rhan o'r cwrs celf, ddarlunio merched noeth. Fe fyddwn i'n mynd â rhai o'r lluniau adre ac roedd Mam yn gwrido wrth weld y lluniau a meddwl fod bachgen diniwed o'r wlad yn cael y fath brofiad, ond chwerthin yn iach fyddai 'nhad.

Mae hi'n rhyw fath o draddodiad, mae'n siŵr gen i, fod myfyrwyr celf yn gwisgo'n fohemaidd – y rhan fwya ohonyn nhw â gwalltiau hir, ond fe benderfynais i fod yn wahanol a thorri 'ngwallt yn fyr a chadw barf.

Ar adegau byddwn i a'r myfyrwyr eraill yn mynd i'r Uplands Hotel a byddai un cymeriad wastad yno'n dod mlaen i siarad â fi. Dyn bohemaidd fel Dewi Emrys oedd e – dyn diwylliedig ond wedi gweld dyddiau gwell. Fe fyddai'n dweud wrtha i, "Dwedwch chi englyn am yn ail â fi – a'r un cyntaf i fethu fydd yn talu am beint." Fe gollais i lawer o arian i'r cymeriad hwnnw, ond fe ddysgais i lawer o englynion!

Ceffylau syrcas (Abertawe)

Roedd gyda fi gefnder ym Mhenclawdd, ac fe fyddwn i'n mynd i Benclawdd i wneud llun o'r merched yn casglu cocos. Rwy'n eu gweld nhw nawr yn eu plyg yn gweithio. Roedd rhywbeth oesol fan yna ac rwy wedi dod nôl at y wraig yn ei phlyg yn gweithio lawer tro yn fy lluniau.

Dro arall, roedden ni i gyd wedi cael testun arbennig, sef mynd lawr i'r dociau i dynnu lluniau o'r llongau, ond doeddwn i ddim yn hoffi tynnu lluniau llongau. Gan fod syrcas yn y dre, fe wnes i adael gweddill y myfyrwyr a mynd i'r syrcas. Roedd ceffylau hardd yno a dyma fi'n eistedd i lawr yng nghanol y dorf a darlunio'r ceffylau gan deimlo'n gartrefol yn eu plith.

Un diwrnod fe glywais i rywun yn dweud 'Dai Pontarddulais' ac fe ofynnais beth oedd ei enw e. "Dai Reynolds," meddai. Dyma fi'n gofyn iddo fe beth oedd enw'i dad a'i fam achos roedd teulu o'r enw Reynolds o Bontarddulais yn perthyn i ni. Dyma ddarganfod fod Dai Pontarddulais yn gefnder i fi.

Canlyniad cwrdd â Dai Reynolds oedd cael gwahoddiad i fynd i letya gyda fy mherthnasau yn Stryd Teilo, Pontarddulais. Bwthyn bach oedd e a dim toiledau yn y tŷ. Ond doedd pethau fel'na ddim yn poeni mam Dai, Mrs Reynolds. Gwraig alluog iawn oedd hi a llyfrau, diwylliant a chanu oedd popeth iddi. Aeth hi allan i Rwsia gyda'i thad a chael ei haddysg gynnar yno, ac fe fyddai'n trafaelu'r byd gan ymgyrchu dros y mudiadau heddwch.

Teimlai Anti fod cyfrifoldeb arni i edrych ar fy ôl i. Doedd dim gwahaniaeth ganddi pryd fyddwn i'n cyrraedd adref byddai hi'n aros ar lawr i ddisgwyl amdana i. Ond, yn fy marn i, byddai hi'n mynnu 'mod i'n cael bath yn llawer rhy aml. Dywedais wrthi unwaith, "Gwrandwch Anti, nid colier ydw i!" Teimlwn yn flin iawn am amseroedd wedyn i mi ddweud hyn wrthi gan fod Anti'n berson mor sensitif. Roedd Anti Muriel yn meddu ar lais cyfoethog ac yn un o fyfyrwyr disglair Dr Vaughan Thomas.

Fe fyddai pobol ddysgedig a diwylliedig yn galw heibio yn y tŷ i weld Anti a'r lle'n byrlymu o ddiwylliant. Ond y drafferth oedd 'mod i'n aml wedi blino'n lân a ddim hwyl trafod gyda'r holl bobol a ddeuai yno.

Pan oeddwn yn fyfyriwr, byddwn yn hoffi ymweld â 'nghefnder, Dai, Dai arall yn fferm Cwmcathan, yn ardal y Betws, ger Rhydaman. Storïwr arbennig oedd Dai, yn llawn hwyl a direidi. Roedd ganddo grop o wallt, gyda breichiau fel canghennau coeden. Bu'n weithiwr caled gydol ei oes.

Fe fyddwn i'n cerdded o'r Betws lan i'r fferm. Doedd dim ffôn i'w gael bryd hynny i ddweud 'mod i'n dod ac fe fyddwn i'n cyrraedd y clos heb roi unrhyw rybudd. Ond roedd croeso mawr bob amser. Doedd dim gwely i'r dyn dierth felly fe fyddwn i'n cysgu gyda 'nghefnder, ac fe fyddai'r ferch yn cysgu gyda'i mam. Un noson yn yr haf aeth y cyfan yn dywyll arna i, oherwydd yn ei gwsg, estynnodd Dai ei fraich allan a'i phlannu o dan 'y ngên i – cael a chael fuodd hi a allwn i dynnu anadl arall o wynt ai peidio.

Roedd Dai yn ei hwyliau yn nhafarn Y Butchers gerllaw, ond weithiau gallai fod yn ddifrifol. Soniai pan fyddai yn y fyddin, am ddau gefnder arall i ni, ym mrwydr Y Somme.

Henry Jones, Bancygwin, oedd un, a aeth allan at ei dylwyth yng Ngogledd America, ac ymunodd â'r Canadian Infantry; a'r llall oedd Jac Jones, saer, Llanddeusant. Roeddynt yn digwydd sefyll yn ymyl ei gilydd cyn i'r chwiban eu gorchymyn 'dros y top' ac am eiliad synhwyrodd y ddau eu bod yn adnabod ei gilydd, yn wir yn perthyn. Doeddent ddim wedi gweld ei gilydd ers yn fechgyn, a dyma nhw'n cyfarch ei gilydd ac ysgwyd llaw. Ar y sylweddoliad hwnnw, aeth y chwiban, a'r gorchymyn i 'fynd dros y top.' Syrthiodd Harri Bancygwin i'r llacs, a Jac yn wyrthiol yn dychwelyd i Landdeusant i adrodd yr hanes.

Wedi i Dai roi cip ar y defaid fin nos, rhaid oedd talu ymweliad â'r Butchers – sef tafarn ar Fynydd Betws lle byddai'r coliers a'r ffermwyr yn cwrdd. Roedd cymeriad unigryw yn cadw'r dafarn a fe oedd dyn lladd moch yr ardal hefyd. Doedd e ddim wedi talu am y celfi yn y dafarn, a dyma'r Bwm Beili yn galw i ddweud y drefen wrtho gan fygwth ailfeddiannu'r celfi a mynd â nhw nôl i Abertawe. Roedd y tafarnwr wrthi'n hogi'r gylleth lladd mochyn ar y pryd pan alwodd y Bwm Beili. Wrth i'r Beili ei fygwth, daliai ati i hogi gan ei anwybyddu'n llwyr. Cododd y Beili ei lais a dweud y byddai'n rhaid i'r tafarnwr fynd o flaen ei well, a hyd yn oed y gallai gael carchar.

Gan barhau i hogi'r gyllell edrychodd y tafarnwr i fyw llygaid y Bwm Beili a gofyn yn araf, "Welodd rhywun chi'n dod ffordd hyn heddiw?"

Fe adawodd y Bwm Beili fel llucheden a welwyd mohono yno byth wedyn.

Ar ôl i mi orffen yn y coleg fe es i greu ffenestri lliw. Roedd stiwdio gwneud ffenestri lliw yn Abertawe a gofynnodd perchennog y lle i'r Prifathro Hancock enwi cynllunwyr ac awgrymodd e fy enw i. Dyna sut y dechreuais i yn y Celtic Studios, yn Abertawe – gwaith hynod o ddiddorol.

Hen grefft yw gwneud ffenestri lliw ac roeddwn i'n mwynhau darlunio'r seintiau a'r Forwyn Fair. Gwaith cynllunio oeddwn i'n ei wneud, a byddai'r cynllun yn cael ei anfon i ffwrdd. Mae ffenestri lliw a gynlluniais i'w gweld mewn eglwysi bach yng Nghymru, yn eglwys fawr St Padarn yng ngogledd Llundain, a'r Italian Church of The Redeemer, Toronto. Yn yr un ystafell gynllunio â fi roedd dau arall ac yn rhyfedd iawn roedd atal dweud cythreulig ar y ddau ohonyn nhw. Yn sgil hyn fe ddatblygais i atal dweud fy hunan. Roeddwn wedi cyrraedd y pwynt lle nad oeddwn yn gallu dweud

"Terry Thomas" y comedïwr enwog,
ac yn lle hynny'n dweud "Y bachan
'na â bwlch rhwng ei ddannedd!"
Er hyn, gan mai fi oedd y rhwyddaf
ei leferydd, fe'm hetholwyd i'n
Swyddog Undeb!

Fe orffennais i wneud ffenestri
lliw gan fod y creadigrwydd yn
dechrau diflannu o 'ngwaith, ac fe
gefais i waith dros dro fel casglwr
tocynnau neu gondyctyr ar y bysiau
yn Abertawe. Rwy'n cofio un tro
pan own i ar y Bws 76 o San Helen i
lawr i'r Dociau ar brynhawn Sadwrn.
Roedd gêm rygbi mlaen – a'r lle dan
ei sang. Yn ôl y rheolau, dim ond
wyth person oedd i fod sefyll ar eu
traed, ond ar ôl milltir roedd ugain ar
eu traed. Roedden ni'n hwyr ymhob
stop a thua ugain munud ar ei hôl hi.

Dyma'r gyrrwr bws yn stopio'r
bws a dod i roi pregeth i fi ein
bod ni'n hwyr a rhegi a diawlo na
welodd e ddim byd tebyg mewn
tri deg mlynedd o yrru bws, "Chi'r
blydi myfyrwyr i gyd 'run peth!" Yn
ei wylltineb gofynnodd i fi, "Beth

Gwylwyr

wnawn ni nawr? Beth yffach wnawn ni nawr?"

Awgrymais iddo y gallen ni guddio'r bws.

"Beth!" gwaeddodd, ond gan nad oedd llawer o ddewis ganddo, cydsyniodd â'm hawgrym. Fel roedd hi'n digwydd, ar ôl y rhyfel, roedd nifer o safleoedd gwag wedi i Abertawe gael ei fomio ac roedd un yn arbennig y tu ôl i eglwys St Mary's.

Fe guddion ni'r bws am tua awr, a mynd i'r Cross Keys am lasied o gwrw, brechdan a mwgyn. Aethon ni nôl at y bws mewn da bryd ac ymuno ar y gylchdaith ddwy funud dda cyn amser.

Ar ôl mynd nôl i'r Orsaf dyma fe'n adrodd yr hanes wrth bawb gyda fe'i hunan yn arwr y stori, "Chredwch i ddim beth wnes i heddi. Fe gwates i'r bws!" Do, fe ddysgais i lawer am y natur ddynol ar y bysiau.

Profiad bythgofiadwy arall oedd mynd ar y bws i gasglu tocynnau yn ardal y dociau. Dysgodd lawer i mi am bobol. Doedd dim un casglwr tocynnau eisiau gwneud y daith honno achos bod llawer o gymeriadau caled a garw yn dod ar y bws ac yn gwrthod talu.

Un nos Sadwrn roeddwn i ar y bws yn ardal y dociau a llond bws gyda fi ond neb wedi talu o gwbl. Fe fyddwn i'n mynd mlaen at y teithwyr i gael arian a chynnig tocyn iddyn nhw, ond doedden nhw ddim am brynu tocyn. Roedd ambell un, chwarae teg, yn hytrach na thalu'n llawn yn rhoi pishyn chwech lawr fy llawes – sef hanner faint roedden nhw fod ei dalu. O ganlyniad, roedd gyda fi lond llawes o bishynau chwech ond dim arian yn y bag a dim un tocyn wedi ei werthu.

Yn y stop nesaf fe ddaeth Inspector ar y bws ac edrych ar y bws llawn, edrych ar fy mag gwag i, a dechrau dweud y drefn wrtha i ac ychwanegu y byddwn i'n cael fy nisgyblu. Y peth nesaf dyma un o'r bechgyn garw yma'n cydio yn het yr Inspector a'i thowlu hi mas ar y palmant. Wedyn dyma fe'n cydio yn yr Inspector a rhoi cic yn ei ben ôl e mas o'r bws. Dyma fachan arall yn canu cloch y bws *Dingaling* a bant â ni. Fe gefais i syndod mawr pan aeth un ohonyn nhw â'i gap o gwmpas i wneud casgliad i'r condyctyr!

Roeddwn i'n lletya yn y Bont ac yn adnabod llawer iawn o bobol yno am fy mod i'n canu yn y côr gyda nhw ac wedi cael cwmni sawl un dros beint. Roedd rhai ohonyn nhw'n dylwyth neu'n ffrindiau. Byddai llawer o bobl y Bont yn mynd ar y bws i siopa yn yr Hendy ar brynhawn Sadwrn. Ardal ddiwylliedig oedd hi gyda bri ar ganu. Dyma nhw'n dechrau canu ar y bws pan oedden ni ar ein ffordd i'r Hendy. Yn wir, roedd hi fel cymanfa ganu a phawb yn ei morio hi, "Glân geriwbiaid a seraffiaid…" Rhwng 'mod i'n adnabod y rhan fwyaf ohonyn nhw a ddim yn hoffi tarfu ar y canu drwy werthu tocynnau, doeddwn i ddim wedi casglu unrhyw arian o gwbwl. Rown i wedi meddwl gwneud casgliad ar y diwedd wrth gyrraedd yr Hendy.

Fe ddaeth stop ac Inspector yn dod ar y bws unwaith eto. Finnau â llond bws o bobol a dim un tocyn wedi'i werthu! Fe ges i fynd o flaen y pwysigion a rhaid oedd addo iddynt y byddwn i'n fwy cyfrifol yn y dyfodol.

Gan fod y bysiau yn galw mewn ardaloedd gwahanol, fe ddysgais i rywbeth am y gwahaniaeth rhwng un dosbarth a'r llall ar y bysiau. Mewn ardal y dosbarth gweithiol byddai'r bobol yn gymdogol ac yn gyfeillgar, ond mewn ardaloedd y dosbarth canol a chrachaidd fe fydden nhw'n oeraidd ac yn hunanbwysig.

Un diwrnod fe ddaeth dyn ar y bws a newidiodd gwrs fy mywyd i. Roeddwn i yn ardal Sgeti, a phwy ddaeth ar y bws ond Kenneth Hancock, Prifathro'r Coleg Celf yn Abertawe lle roeddwn i wedi bod yn astudio. Adnabyddodd e fi a gofyn, "Beth y'ch chi'n neud nawr, Jones?"

"*Conductor* bws – casglu tocynnau, syr."

"Gall pobol eraill wneud hynna," meddai. "Dewch i 'ngweld i yn y coleg."

Fe es i'w weld e a dyma fe'n cynnig swydd ran amser i fi yn dysgu ar ddydd Sadwrn a dosbarth nos ar nos Fercher. Dyma adael y bysiau a mynd yn athro rhan amser. Fe wnes i fwynhau'r profiad yn fawr er nad oeddwn i wedi bwriadu bod yn athro.

Ar ôl ychydig a gweld 'mod i'n mwynhau fe ddywedodd y Prifathro wrtha i am fynd lawr i'r Brifysgol i wneud fy Nhystysgrif Addysg. Ar hyd fy oes mae'r pethau damweiniol hyn wedi digwydd i fi. Fe ddes i'n athro drwy hap a damwain.

F E GES I fy nghyfweld yn Hwlffordd am swydd Pennaeth Adran Celf a Chrefft yn Ysgol y Preseli, Crymych ym 1958. Ysgol newydd oedd hi, ac fe ges i gynnig y swydd yn syth o'r coleg. Cyfnod hapus oedd cyfnod Preseli, a chefais yr anrhydedd o gael dau brifathro goleuedig wrth y llyw, sef WR Jones ac yn nes ymlaen, Jâms Niclas.

Ymhen rhyw wythnos ar ôl cael y swydd fe es i ardal Crymych – ardal hollol ddierth i fi, a'r dyn cyntaf i fi ei gyfarfod oedd dyn canol oed gyda gwallt gwyn, sef Hazelby y crydd. Roedd llond ceg o hoelion sgidiau gyda e, ac roedd e'n dala'r hoelion yn ei geg ac yn siarad â fi ar yr un pryd. Fe ofynnais i iddo fe ymhle roedd y llety roeddwn i fod aros ynddo, ac meddai, "Whith a whith weth!"

Doedd gen i ddim syniad beth oedd e'n ei ddweud. Roeddwn mewn gwlad arall, ond wel, meddyliais, 'Whith a whith weth amdani!' Roedd gwraig fach ddymunol iawn o'r enw Mrs Edwards, Brynhyfryd ar sgwâr y pentref yn cadw'r llety ac yno yr arhosais i'n barod am yr ysgol drannoeth.

Yn y bore dyma fi'n mynd i'r ysgol i gwrdd â'r Prifathro WR Jones a'r athrawon. Dim ond rhyw saith athro oedd wedi cael eu penodi bryd hynny. Buodd y cyfnod hwnnw yn fy mywyd yn gyfnod hapus iawn a phawb wedi dod i adnabod ei gilydd yn dda mewn amser byr. Des i'n fwyfwy cyfarwydd â'r "wes, wes" a chyn hir rown i'n deall y dafodiaith a phobol y Preseli.

W.R.

Roedd WR Jones, y Prifathro, yn gymeriad arbennig – dyn dysgedig a chanddo lawer o brofiad ym myd addysg – dyn hynaws a chyfeillgar ac yn athronydd wrth reddf. Ei ddawn fawr oedd ei allu i drin pobl. Roedden ni'r athrawon yn ei barchu ac yn ei ystyried bron fel rhyw fath o ewythr caredig. Doedd dim yn ei flino, ac roedd ganddo eli at bob clwyf – dyn wedi magu cyfrwystra a doethineb dros y blynyddoedd, a doedd y gair *stress* ddim yn ei eirfa.

Un o hynodion WR oedd ei fod yn siarad hanner Cymraeg a hanner Saesneg. Byddai ei anerchiad yn y gwasanaeth boreol yn mynd rhywbeth fel hyn wrth ganmol y tîm rygbi: "Nawr 'te, Arwel *is a strong boy, you see*, mae e'n yfed lot o laeth, *he drinks milk,* bydd e'n chwarae dros Gymru ryw ddydd, *well, there we are."*

Roedd hiraeth arnon ni'r athrawon pan ddaeth ei gyfnod i ben. Gwyddai achau pobol ardal y Preseli yn dda, a doedd dim rhaid iddo wrth ystadegau i osod y plant yn eu dosbarthiadau. Gwelais hyn un diwrnod ar ddechrau tymor newydd, pan oedd gyda fi yn agos i 60 o ddisgyblion yn y dosbarth. Fe es i lawr at WR ac esbonio'r sefyllfa – sef bod 60 yn yr ystafell. " Bachgen, bachgen, mae hynna'n llawer gormod" atebodd cyn gofyn, "Ydy rhestr yr enwau gyda chi?" Wedi derbyn y rhestr dyma fe'n dechrau arni, "John Jones, i ddosbarth 1A; Mary Davies 1A eto – teulu diwylliedig, nabod y teulu; David Williams, 1B – ei fam e'n ferch dda, ond ei dad yn araf yn datblygu." Ac felly yr aeth e drwy'r rhestr i gyd, ac roedd e'n agos iawn ati!

Yn ogystal â gwneud gwaith prifathro fe fyddai WR yn gwneud ychydig o ddysgu, sef dysgu Saesneg i'r rhai ar fin gadael yr ysgol, ac roedd yn rhannu'r Ystafell Gelf gyda fi i am ddwy wers yn olynol. Doedd e byth yn dod i'r wers gyntaf, ond yna fe fyddai'n

◀ ▲ Cymeriadau o Fynachlog Ddu

ymddangos yn ei holl awdurdod ar
ddechrau'r ail wers a gofyn cwestiwn fel,
"Janet! How do you spell Constantinople?"
Byddai honno'n dechrau'n betrusgar
" K – o – n ...." Yna byddai'n

◄ Cofio   ▲ Treialon II

gweiddi, *"Stop! Janet hasn't done her homework* – y
gwaith cartref heb ei wneud, *you see."* Wedyn,
byddai'n dod draw ata i am sgwrs ar Augustus John a
fyddai'n para drwy gydol yr ail wers.

Fy stafell i oedd stafell ucha'r ysgol – yn yr
entrychion – ac un tro llewygodd merch fferm
yn nosbarth pump, yn un o 'ngwersi i. Mentrais

ei chario o'r ystafell gelf lawr i stafell y nyrs. Pwy oedd ar waelod y grisiau, ond WR a gofynnodd, "Bachgen, bachgen, Mr Jones, ble y'ch chi'n mynd â Margret 'te?" – fel petawn i'n ei herwgipio!

Rhaid oedd ymlacio gyda'r nos ar ôl diwrnod o waith ysgol a sŵn plant, a dyma fi'n mynd lawr i'r Crymych Arms un noson yn fuan ar ôl cyrraedd Crymych. Pwy oedd yno ond slabyn o ddyn mawr cyhyrog wedi hen ymddeol. Edrychodd e arna i a dweud, "Shwmai, dyn dierth!" a chawsom sgwrs ddifyr iawn. "Bues i yn y Ffors yn Llunden cyn ymddeol…" a dyma fe'n dechrau dweud hanesion wrtha i. "Un tro roedd plisman bach ifanc dan 'y ngofal i, ac roedd llofruddiaeth wedi bod yn Soho. Dyma ni'n dou'n cyrraedd y fflat 'ma, a gweld corff menyw mewn un cornel a'r pen yn y cornel arall. Fe gydiais i yn y pen, a rhoi fe nôl ar y corff, tamed bach o sticin plaster rownd y gwddwg, cic yn ei thin hi, ac mae'r fenyw 'na'n dal yn fyw heddi'!" Dechreuais chwerthin, ond tawelais ar unwaith wedi sylweddoli ei fod e hollol o ddifri. Oedd, roedd cymeriadau yn ardal y Preseli hefyd, nid dim ond yng Nghwm Wysg!

Fe aeth gwraig y llety'n sâl ac fe fu'n rhaid i fi chwilio am lety arall ar frys. Fe ddywedodd un o ferched yr ysgol ei bod hi'n gwybod am bâr wedi ymddeol a fferm fach gyda nhw tu fas i'r pentre – Greenland. Fe alwais i ofyn a gawn i aros am benwythnos gyda nhw. Wrth adael y lle ar fore Llun â 'nghês yn fy llaw i fynd i'r ysgol rwy'n cofio Mrs Davies yn dweud wrtha i, "Rwy i a John wedi bod yn siarad. Chi i weld yn ddyn digon rhwydd i ddod ymlaen gydag e. Hoffech chi aros gyda ni am dipyn?"

Dyma fi'n troi nôl yn y drws a mynd â'r cês lan llofft. Fe arhosais i yno am chwe blynedd, ac roedd y chwe blynedd fel chwe wythnos. Welais i ddim lle tebyg. Roedd John a Lil Davies yn bobol hawddgar

Y Fargen

John a Lil

ac roedd y llety'n nefoedd ar y ddaear.

Roedd John Davies yn hoffi tynnu coes a dweud straeon ac roedden ni'n dau'n dod mlaen yn dda. Rwy'n cofio un bore roedd anner neu dreisiad wedi dianc ac wedi mynd mas i'r ffordd fawr. Daeth y plismon lleol yno i rybuddio John Davies bod anifail yn torri mas i'r ffordd fel hyn yn berygl bywyd a dweud yn llym wrtho, "Dw i ddim moyn gweld y fuwch mas ar y feidir unwaith 'to!" Fe fues i'n cynorthwyo John i gael y fuwch mewn i'r beudy.

Ganol dydd yn yr ysgol dyma fi'n penderfynu tynnu coes John a'i ffonio. Fe newidiais fy llais a dweud yn ddig, "PC Jones sy'n siarad…" Fe ddywedais i wrtho fe fod y fuwch wedi torri mas i'r ffordd unwaith 'to a bod hynny'n fater difrifol iawn. Roeddwn i'n ei glywed e'n gweiddi'n wyllt ar ei wraig, "Lil, mae'r anner 'na mas ar y ffordd 'to. Mae'r Heddlu ar y ffôn fan hyn yn grac. Rhaid i ti fynd mas."

Wrth roi'r ffôn lawr fe ddywedais i, "Dyma'ch rhybudd olaf chi, Mr Davies."

Fe es i nôl i'r llety ar ôl yr ysgol a chael paned o de gyda John a Lil. Wedyn dyma fi'n dynwared y plismon unwaith 'to, "PC Jones sy'n siarad…" Fe edrychodd John yn syn arna i a dweud, "O jiw, jiw, Jones, chi oedd e!" a chwerthin a chwerthin am hydoedd.

Tra yn y Greenland, ymserchais mewn merch o Aberporth, Julie a oedd yn ysgrifenyddes i brifathro Ysgol Uwchradd Aberteifi, priodi a symud i fyw i dref Aberteifi. Roedd hwn yn gyfnod cynhyrchiol iawn, dechrau teulu a chael arddangosfeydd yng Nghymru, Ewrop ac ar gyfandiroedd

Pwyso a mesur

eraill. Mae'r ddau etifedd, Meirion a Meinir yn tynnu at y celfyddydau a Gwynedd y mab yng nghyfraith yn ganwr. Mae Meirion yn arlunydd a Meinir yn ddarlithydd yng Ngholeg Y Drindod, Caerfyrddin, ac yn gyfeilyddes i rai o gantorion a chorau gorau'r wlad. Yn yr olyniaeth deuluol, mae'r ddau ŵyr, Ifan a Tomos, yn ymddiddori yn y byd creadigol, yn arbennig cerddoriaeth a'r celfyddydau gweledol.

Penodwyd ysgrifenyddes ddeniadol i weithio yn Ysgol y Preseli, sef Beti Williams o'r Glôg, Sir Benfro. Roeddwn i am weld WR Jones, y Prifathro, un prynhawn ac felly lawr â fi i'r swyddfa gan adael y pumed dosbarth i fynd mlaen â'u gwaith. Cefais ar ddeall gan Beti nad oedd WR yno a'i fod mas yn y cae yn gwylio rygbi. Ond daliodd rhywbeth fy llygad yn y swyddfa – peiriant newydd. Holais Beti beth oedd e. *"Intercom* yw hwn," meddai. "Mae hwn yn gallu siarad gyda phob stafell yn yr ysgol."

Erbyn hyn roeddwn wedi dod i allu dynwared WR yn eitha da, ac yn gwybod fod athrawes ar y staff yn cymryd ei phwnc yn orddifrifol ac yn ysgrifennu'r ryseitiau i gyd yn ddwyieithog ar y bwrdd du. Gwelais y cyfle i ddynwared y llais rhyfedd yma, cydio yn y meicroffon a chyrraedd yr ysgol i gyd drwy ddweud: "A wnaiff merched dosbarth chwech ddod â fflwr hunan-godiad gyda nhw fory i wneud 'cacen yr hen ŵr'...." ac ymlaen fel yna. Gallaf weld Beti'n chwerthin nawr, ond yn sydyn fe glywon ni sŵn rhywun yn cerdded ym mhen draw'r coridor. WR! Dyma ffoi o'r swyddfa ar frys. Ar y ffordd nôl i'r stafell gelf, fe es i heibio rhai stafelloedd a gweld y plant yn corco chwerthin. Pan agorais ddrws y stafell gelf, roedd pawb yn chwerthin yno hefyd – "Roeddech chi'n dda, syr!"

Ein priodas

Gwadu'r cyfan a wnes i wrth gwrs! Y canlyniad oedd i WR ddatgan yn stafell yr athrawon wedyn y dylai pawb fod yn wyliadwrus o'r bechgyn Brycheiniog 'ma.

Roedd nifer o gymeriadau ar y staff. Roedd yr athro Ysgrythur, Melvin Davies, yn gymeriad ac yn ddyn hollol ddiffuant. Bues i'n teithio yn yr un car gyda Melvin ac athrawon eraill: Peter, Terry, a Margaret am ugain mlynedd.

Roeddwn i a Mel yn chwarae bowls, ac ar y ffordd i'r ysgol fe gofiais i 'mod i wedi addo galw yn Swyddfa'r Heddlu i drefnu gêm gydag un o'r plismyn. Wrth i fi fynd i mewn i Swyddfa'r Heddlu roedd poster mawr ar y wal a llun carcharor wedi dianc arno fe. Roeddwn i wedi sylwi bod y dyn yn y poster yn edrych rhywbeth yn debyg i Melvin. Roedd *Wanted* uwch ben y llun, ac fe ddywedais i wrth y plismon, "Ydych chi'n chwilio am y dyn yna yn y llun?"

"Wrth gwrs" meddai, "mae'r holl wlad yn chwilio amdano! Mae e'n cael ei adnabod fel *The Weasel.*"

"Mae e gyda fi yn y car," dywedais.

Cododd yr heddwas ei aeliau, a dilyn fi allan i'r car. Aeth e at ffenest y car ac edrych ar Melvin a dweud, "Mae e *yn* debyg." Wrth iddo fe gymharu'r poster â Mel, fe ddwedais i, "Fe *yw* e. Helpa i chi i roi'r handcyffs arno fe nawr."

Hunanbortread gan Meirion
▲ Ifan a Tomos
▶ Meinir a Gwynedd gydag Ifan a Tomos

Roedd y plismon yn rhannu'r un hiwmor â fi a dechreuodd chwerthin.

Yn hwyrach y dydd hwnnw roedd nifer o fyfyrwyr o Affrica wedi dod i'r ysgol ac roedden nhw i gyd gyda'i gilydd ar y ford fan 'ny amser cinio. Fe ddaeth Melvin i mewn yn hwyr i gael cinio ac eistedd yn eu canol. Fe es i mlaen ato fe a dweud, *"Dr Livingstone, I presume!"*

Adeg amser cinio hefyd byddai clwb dadlau yn yr ysgol o dan ofal Des Jones. Roedd y plant a'r athrawon yn cymryd rhan yn y ddadl. Un tro roedd pedwar athro wedi addo cymryd rhan a phob un ohonon ni i fod actio neu ddadlau fel person arbennig. Roedd Cymro di-Gymraeg ar y staff – dyn mawr cryf, o'r enw John Northeast. Roedd e'n honni ei fod e wedi bod yn 'Flying Officer', yn wir, roedd e, yn ôl ei siarad, wedi gwneud popeth dan haul!

Penderfynais i y byddwn i'n actio Rembrandt. Clem Lewis oedd yn actio Shakespeare. Doedd John Northeast ddim yn siŵr pwy i'w actio, ac meddai Clem wrtho, "Pam na chwaraewch chi Duw?" Roedd John yn meddwl bod hynny'n syniad da, ond wrth fynd i mewn i'r neuadd fe ddywedodd e, "Wi ddim yn siŵr sut i actio Duw." Ac meddai Clem, "Dim ond actio'n naturiol sy gyda chi!"

Roy Phillips oedd gofalwr yr ysgol. Roeddwn i'n ffrindiau mawr gyda fe. Er bod car gyda fi doeddwn i ddim wedi pasio'r prawf gyrru, ond fe ddywedodd Roy y byddai e'n fodlon 'y ngyrru i i lefydd. Yr hyn doeddwn i ddim wedi sylweddoli oedd bod modryb gyda Roy yn cadw tafarn yn y pentre nesaf – Tegryn. Byddai Roy'n mynd bron bob nos i weld ei fodryb. Sut basiais i'r prawf gyrru dw i ddim yn gwybod!

Roedd gofalwr arall yn yr ysgol oedd yn tueddu i ymffrostio tamaid bach. Torrodd rhywun i mewn i'r ysgol un noson a thorri i mewn i'r llyfrgell. Dyma'r Prifathro'n gofyn i'r ddau ofalwr a fydden nhw'n fodlon gwarchod y llyfrgell yn eu tro.

Cymryd eu tro i eistedd yn y tywyllwch yn y llyfrgell y byddai'r gofalwyr. Y noson hon y gofalwr arall oedd yn gwarchod. Credai Roy y byddai'n syniad da i ni gael hwyl a thynnu coes y gofalwr arall. Dyma fe'n gwisgo daps ac agor drws yr ysgol gyda'i allwedd yna cerdded yn dawel i lawr y coridor. Roedd yr ysgol yn dawel fel y bedd nes i Roy gicio bocs bisgedi tu fas i'r llyfrgell nes roedd e'n glindarddach. Peth nesaf oedd e'n wybod oedd gweld rhywbeth yn mynd heibio iddo fe fel llucheden mas i'r hewl a rhedeg lawr y ffordd.

Aeth Roy mas ar ei ôl. Pan welodd Roy ei gyd-ofalwr gwelw a chrynedig fe gafodd hanes y lleidr

"Roy bach," meddai hwnnw. "Dyna i ti'r peth rhyfedda. Roedd yna *dri* ohonyn nhw. Fwres i un – a godith hwnnw ddim am sbel. Fe redodd y ddau arall bant, ond fe nabydden i nhw se'n i'n eu gweld nhw 'to!"

Pennaeth yr Adran Chwaraeon oedd Jeff Reid, dyn o Gwmgors, yn dod o deulu o chwaraewyr rygbi. Cafodd Jeff gap dros Gymru pan oedd e'n ifanc. Roedd plant y 'wes, wes' yn cael anhawster tafodieithol ar y cae rygbi, oherwydd byddai Jeff yn dweud, "Dishgwl 'ma, gweta wrtho i nawr wyt ti wedi 'nafu? O's nished 'da ti?" Roedd y plant ar goll yn llwyr! Ond cafodd ddylanwad mawr ar rygbi yn yr ardal a meithrin llawer o chwaraewyr yn llwyddiannus.

Penderfynais gynnal dosbarthiadau nos yn yr ysgol ar werthfawrogi celf a gwaith ymarferol. Rwy'n cofio un noson arbennig a neb wedi dod am ei bod hi'n noson stormus, a phwy oedd yn stafell yr athrawon ond Waldo. Doedd neb wedi dod i'w ddosbarth e chwaith. Fe dreuliais i noson ddifyr iawn yng nghwmni Waldo, dyn hynod o ddiddorol. Roedd e'n hoffi hwyl a thynnu coes. Fe fuon ni'n sgwrsio am genedlaetholdeb a rhoddodd e ddadl dda i fi yn erbyn cenedlaetholdeb er ei fod yn ymgeisydd dros y Blaid yn Sir Benfro ar y pryd! ·

Gofynnodd Waldo i fi pa bwnc roeddwn i'n ei ddysgu, a dywedais i 'mod i'n dysgu Celf. "Pa gyfnod y'ch chi'n ei hoffi?" gofynnodd Waldo.

Fe atebais innau, "Dim ond un cyfnod sydd – cyfnod y Dadeni," gan hanner tynnu coes.

Ac meddai Waldo, "Bachan, beth am y Celtiaid?" Fe aeth e mlaen i roi gwers arbennig i fi am gelf y Celtiaid. Roedd yn addysg bod yn ei gwmni.

Twm Gwndwn

Ym mhentre Crymych roedd dyn cryf iawn o'r enw Twm Gwndwn – dyn y gallech dyngu ei fod wedi ei naddu o graig y Preseli. Ffermwr wedi ymddeol oedd e, a chafodd swydd yn gwarchod Banc Crymych. Wrth fynd heibio un dydd, dywedodd un o'r bechgyn lleol wrth Twm, "Jawch! Fe awn i mewn heibio i ti i'r banc 'na, dim problem!" ac ateb Twm oedd, " Falle ei di mewn, ond ddei di ddim mas!"

Roedd Twm yn perthyn i genhedlaeth nad oedd yn rhaid iddyn nhw sefyll eu prawf gyrru. Tra teithiai Twm ar un o hewlydd gwledig Gogledd Penfro, ar ganol y ffordd, dyma fe'n dod drwyn wrth drwyn â bachgen ifanc yn gwybod y cyfan am yrru. Bu gwrthdrawiad rhwng y ceir, a'r bachgen ifanc yn dawnsio'n wyllt wrth asesu'r difrod, ac wrthi'n blagardio Twm nad oedd hwnnw'n gwybod yr *Highway Code*. Fe roddodd Twm ergyd iddo, nes ei lorio, "Dyna i ti'r *Highway Code* 'machgen i!"

Rwy'n cofio tro arall, mewn arwerthiant merlod Preseli ym mart Aberteifi, am ddau fachgen ifanc yn ymdrechu i arwain march mynydd i mewn i'r cylch gwerthu, ac yn cael anhawster mawr wrth wneud hynny. Cydiodd Twm yn ffrwyn y march a'i arwain i mewn fel oen bach.

Roedd cymeriad unigryw o'r enw Dai yn cadw tafarn Pen-y-bryn. Dyn bach, bach oedd e a'i

Y Tangnefeddwyr

Dai Penybryn

ben ddim llawer uwch na'r bar, a doedd e byth yn cau'r dafarn. Gofynnodd rhywun i Dai unwaith, pryd mae 'stop tap'? Ar ôl meddwl atebodd Dai, "O, tua mis Medi." Rwy'n cofio amdana i a rhai athrawon eraill yn galw yn nhafarn Pen-y-bryn, ar ôl i ni fod ar ryw fath o 'Hawl i Holi' lleol. Gofynnais am beint, ac wrth chwilio am arian i dalu sylweddoli 'mod i wedi anghofio'r waled adre. Fe ges beint arall. Ymhen rhai misoedd fe alwais i gyda Dai i dalu, ac ar lechen y tu ôl i'r bar mewn ysgrifen fawr, yn ddigon amlwg i bawb ei weld, roedd y geiriau: "JONES ART – 2 BEINT – MAI'R 4YDD."

Un o gymeriadau mwyaf lliwgar ardal y Preseli oedd Fredrick Konnekamp. Carcharor rhyfel o'r Almaen oedd e, ac fe ymgartrefodd gyda'i wraig ar ôl y rhyfel mewn bwthyn o'r enw Cot Llwyd ar lethrau Carn Ingli uwchben Trefdraeth. Roedd wrth ei fodd ynghanol y tawelwch a'r twmpathau cerrig – yr ardal lonydd hon oedd ei ddihangfa rhag twrw'r ddinas.

Roedd ei gynfasau mawr yn adlewyrchu sylwedd a chadernid Carn Ingli, ac er iddo ddilyn gyrfa ddisglair fel mathemategydd ac athronydd, dyn yr encilion oedd e. Roedd ei luniau yn y cyfnod hynny'n llawn egni tymhestlog ac yn ddrych o'i gynnwrf mewnol, ond ychydig iawn, iawn o drigolion yr ardal a welai unrhyw rinwedd yn ei weithiau.

Dyn cryf o gorff a'i lygaid yn pefrio oedd Konnekamp. Gwisgai gap-Sioni-Winwns neu 'dam', a rhwng y cap hwnnw a'r farf fach wen, byddai gwên ddireidus. Byddai bob amser yn mynegi ei farn yn glir – yn rhy glir ar adegau. Roedd tymer wyllt ganddo, a fedrai e ddim dioddef rhagrithwyr. Er hyn, roedd e'n ddyn caredig tuag at ei ffrindiau fel y gwelais i pan ofynnais iddo am gymwynas. Roedd aelodau o 'nosbarth nos i am gynnal arddangosfa o'u gwaith celf, ac fe awgrymais i wrth y Prifathro y dylen ni gael Konnekamp i agor yr arddangosfa. "Ddaw e ddim," oedd ateb WR Jones, oherwydd roedd stori wedi bod yn y papur lleol yn ddiweddar am yr arlunydd enwog yn cerdded allan o gyfarfod mewn tymer oherwydd mai dim ond 13 a ddaeth i wrando arno. Fe es i lan i'w gartref ar ben y mynydd i ofyn iddo, beth bynnag. Pan ofynnais i Konnekamp fe esboniodd e, "Dr Konnecamp yn siarad â 13 – na! Siarad â 300, efallai – ond dim 13."

Roedd gen i wers rydd un bore, ac fe ddes i nôl â Konnekamp gyda fi i'r ysgol. Ar ôl galw yn y tŷ rhaid oedd cael glased o win Almaenig cryf. Pan gyrhaeddon ni nôl i'r ysgol fe gyflwynais i Konnekamp i'r Prifathro a'i eiriau cyntaf e wrth hwnnw oedd, "Mr Prifathro, ble mae'r bar?"

Doedd y Prifathro ddim yn hapus gyda hyn a'i sylw oedd, "Ysgol yw hon!"

Aeth Konnekamp mlaen i esbonio fod bar ymhob prifysgol yn yr Almaen gan ychwanegu, "Mae Mr Aneurin a fi wedi cael 'iechyd da' neu ddau ar y ffordd yma." A finnau'n gwrido!

Awgrymodd WR y dylwn i fynd â Konnekamp i gael pryd o fwyd gyda'r athrawon. Fe ddigwyddodd eistedd gyferbyn â Miss Rees, y Dirprwy Brifathrawes. Dyma fi'n ei gyflwyno fe iddi a hithau'n gofyn yn gwrtais,

Y frwydr

"Hoffech chi ddŵr, Doctor?"

"Dŵr! Dŵr! Byddai'n well gen i farw!"

Un tro fe ges i wahoddiad i Arddangosfa neu Ddiwrnod Agored yn ei dŷ. Fe es i gydag arlunydd arall oedd yn dipyn o gecryn. Wedi cyrraedd y lle dyma ni'n gweld darluniau enfawr Konnekamp o gwmpas yr iard. Doedd y bachan oedd gyda fi ddim yn hoffi Konnekamp, ac roedd e'n chwilio am gynnen. Fe bwyntiodd at un o'r lluniau enfawr a gofyn i Konnekamp, "Eich gwaith chi yw hwn?"

"Ie," meddai Konnekamp.

"Beth yw hwn i fod?"

"Wal yn Sbaen yw hwnna, gyfaill," atebodd Konnekamp.

"Faint mae'n gosti?"

"Arian. Arian. Beth yw arian? 500 gini."

"Ac mae hynny'n cynnwys y wal wreiddiol ydy e?"

Rwy'n cofio gorfod dal Konnekamp nôl rhag ymosod arno.

Dyn arbennig a gwahanol oedd Jâms Niclas a ddaeth yn brifathro Ysgol y Preseli ar ôl WR Jones. Rwy'n cofio'n iawn am WR Jones yn mynd ag e o amgylch yr ysgol ar ei ddiwrnod cyntaf. Fe ddaeth WR i mewn i stafell y staff a chyflwyno Jâms i'r athrawon. Fe fyddai WR yn dweud popeth yn ddwyieithog, "Mae hi'n ysgol fawr. *Big School.* Gobeithio ewch chi ddim ar goll!"

Ateb meddylgar Jâms oedd, "Wel, os bydda i ar goll, gobeithio bydda i ddim yn golledig." Roedd Jâms yn berson amryddawn ac roedd ganddo fe ddiddordeb mawr mewn celfyddyd.

Rwy'n cofio cael sgwrs gydag e am rinweddau Henry Moore, y cerflunydd enwog. Dyma'r adeg roedd Jâms yn bwriadu cystadlu am y gadair yn yr Eisteddfod Genedlaethol. Y bore wedyn mewn sgwrs bellach ar Moore, a'i feddwl ar bethau dyrchafol, fe drodd Jâms ata i a gofyn, "Pa flwyddyn yw hi nawr?"

Prynodd Jâms nifer o'm darluniau dros y blynyddoedd ac fe brynodd ddarlun mawr a wnes o Lyn y Fan Fach i'w osod yn yr ysgol. Gwerthfawrogaf yr holl gefnogaeth a gefais ganddo.

Roedd plant y wlad yn naturiol iawn a byddai ambell beth doniol yn digwydd. Ymhen rhai blynyddoedd, roedd chwe 'Mr Jones' yn dysgu yn Ysgol y Preseli, ac ar un diwrnod arbennig roedd y

chwech ohonom yn digwydd bod yn ystafell yr athrawon! Roedd yna grwt yn nosbarth 4 ar y pryd a oedd wrth ei fodd yn mynd ar negeseuon – unrhyw esgus i osgoi gwaith, a gofynnodd un athro iddo fynd i stafell yr athrawon i ofyn a oedd Mr Jones 'Maths' yn rhydd, gan fod angen help yn y dosbarth.

Roedd y Mr Jones 'Maths' yma'n medru bod yn fyr ei amynedd, a dyma'r crwt bochgoch yn cnocio ar y drws a Jones 'Maths' yn ei agor. Edrychodd y crwt i fyny ato a gofyn, *"Are you loose now?"* Jones 'Maths' yn edrych yn hurt arno a dweud, *"What do you mean, 'am I loose?'"* Y crwt yn gofyn eto, *"Are you loose now, syr?"* Wrth i Jones gochi dyma esbonio iddo mai cyfieithu'n llythrennol roedd y bachgen. Diflannodd y gwawd a lledodd gwên dros ei wyneb.

Dangarn

Dro arall, a'r arolygwyr yn yr ystafell gelf gen i, roedd un bachan, nad oedd dim dal o gwbl beth roddai e ar bapur, pan fyddai wrthi'n gwneud llun. Roedd e wedi gwneud rhyw gylchoedd gwyrdd ar y papur a llawer o smotiau coch yn y cylchoedd gwyrdd. Fe ofynnodd yr Arolygwraig, gan bwyntio at y cylchoedd gwyrdd, "Beth yw rhain sy gyda chi?"

"Cwed!"

Bu'n rhaid i fi esbonio i'r Arolygwraig mai ffordd pobol y Preseli o ddweud 'coed' oedd 'cwed'. Yna fe ofynnodd hi beth oedd y smotiau coch, "Nid afalau yw rhain," meddai hi gan bwyntio at y smotiau coch anferth. "Maen nhw'n rhy fawr i fod yn afalau. Beth y'n nhw?"

Mawr a bach

Cwrwgl

"Cherries!" oedd yr ateb.

Ar ôl i mi ymddeol, cefais wahoddiad i siarad am fy ngwaith gyda phlant cynradd yr ardal a oedd wedi crynhoi yn Ysgol y Preseli. Ar ôl y cwestiynau arferol, ac ar ôl i'r plant adael y neuadd, daeth un ferch fach ata i a gofyn i fi, "Pam y'ch chi'n gwneud y pethe 'ma 'te?" Gallwn fod wedi traethu'n helaeth, ond fe'i hatebais yn syml, "Dw i ddim yn gwybod." Ysgwn i beth ddaeth o'r ferch hon erbyn hyn?

Afon Teifi

Ceredigion

WEDI DOD I fyw i Geredigion cefais gyfle i ddilyn fy mhrif ddiddordeb sef darlunio pobl a merlod, ac mae Ffair Geffylau Llanybydder, Sioe Feirch Llambed yn Nhalsarn, a Sadwrn Barlys, Aberteifi, wedi creu llawer iawn o gynnwrf ynof fel paentiwr.

Yng Ngheredigion fe ddes i adnabod pobol y cobiau Cymreig yn dda a dod yn gyfeillion â nhw – Ifor a Myfanwy ym Mridfa Derwen, Meirion a Dianne yng Ngwynfaes, teulu Frongou, John Roderick Rees a'i gefnder Raymond Osbourne Jones ac eraill. Fe ddes yn hoff o ddireidi naturiol bois y cobiau, a llawer ohonynt yn gymaint o gobiau â'r cobs eu hunain! Des hefyd i adnabod natur ddaearyddol a thymer y sir, toion coch yr adfeilion, ardderchowgrwydd ei chobiau ac osgo ei hamaethwyr.

Y thema sydd wedi cydio ynof yn ddiweddar yw arwerthiannau'r ffermydd sy'n digwydd o bryd i'w gilydd yng Ngheredigion, ac ynddynt mae rhai pethau wedi fy nharo i'n rhyfedd iawn. Gwelaf rhyw dristwch rhyfedd mewn arwerthiant. Cymdeithas yn dadfeilio sydd ynddynt, a dull hynafol o amaethu yn gorffen. Dw i'n sefyll yno'n gweld y gymuned yn dod ynghyd, fel pe bai'n talu'r gymwynas olaf, yn gwybod bod perthynas *umbilical* â'r tir yn cael ei dorri. Yn aml, bydd y plant wedi gadael am y ddinas, felly bellach, does dim parhad i'r llinach, a'r holl ardal fel adar yn paratoi i fudo ac yna'n gadael. Dw i ddim yn teimlo fod angen wynebau ar lawer o'r bobol yn y darluniau hyn, ond yn hytrach gosod eu patrwm gweledol yn erbyn gwacter. Teimlad o dristwch ysgeler, a'r cymdogion yn crynhoi ar y clos i ffarwelio â'r perchennog a'r teulu.

Ifor a Teifi

Yn yr arwerthiannau yma fe welwch bobol yn closio at ei gilydd yn ogystal â gweld unigolyn mewn gwagle diamser – dwy thema sy'n codi'n gyson yn fy ngwaith.

Mae'r delweddau yn oesol ond mae'r dehongliad yn gyfoes.

Bron yn ddieithriad, yr hyn sy'n cyffroi'r creadigrwydd yw'r siapiau a'r patrymau mae pobl wledig yn eu creu. Y ffurfiau hanner haniaethol hyn sy'n tanio'r ysfa i'w peintio. Bydd cyfansoddiad y darluniau yn dechrau ymffurfio cyn imi gyrraedd nôl yn y stiwdio, er mai ar y cynfas y bydd y rhan fwyaf o'r creu'n digwydd. Mater o symleiddio fydd hi wedyn, mater o ganfod craidd y cyffro, a mater o ddod â'r ffurfiau hyn yn fyw. Rwy'n symleiddio er mwyn cyfleu hanfodion y cymeriad neu'r olygfa ac mae'r enaid yn dod i'r golwg yn y symleiddio. Nid peintio portreadau o unigolion, ond yn hytrach darlunio math o berson. Yn sgil y broses, fe ddaw o'r ffurfiau hyn deimladau angerddol o berthyn i lwyth arbennig o bobl, un o'u plith yn ceisio dehongli'r profiad o fod yn rhan ohonynt, nes yn y diwedd gall y gwaith weithio ar sawl lefel.

O ran y lliwiau sydd ar y palet, rwy'n dueddol i ddefnyddio'r rhai yr ydw i'n gyffyrddus â nhw – lliwiau'r Ddyfed wledig, lliwiau'r tir.

Dau ddyn yn cyfeillachu ac yn sgyrsio'n hamddenol yw un o fy hoff themâu. I fi mae dynion wyneb yn wyneb yn siarad â'i gilydd yn symbol o gymdeithas glòs, gyfeillgar. Drwy gymdeithas a phobol yn cymdeithasu y mae diwylliant yn cael ei fynegi a'i drosglwyddo.

Weithie fe fydda i'n ceisio cael gwrthgyferbyniad corfforol a gwrthgyferbyniad personoliaeth rhwng y ddau gymeriad. Dyna'r ddau werinwr wedyn – rwy'n gobeithio fod eu personoliaeth wahanol yn amlwg yn eu holl osgo.

Rwy wedi sôn pa mor galed y mae byd natur yn gallu bod ac

Tylwyth

mewn ambell lun megis 'Merlod Mewn Eira' rwy'n ceisio cyfleu'r gerwinder a'r caledi yma sy'n rhan o fyd natur.

Fe wnes i nifer fawr o luniau o ddynion nerthol yn llafurio wrth eu gwaith, megis pladuro. Mewn llun felly fe fydda i'n rhoi breichiau a dwylo anferth i'r dyn er mwyn ceisio cyfleu ei nerth.

Weithiau fe fydda i'n darlunio grŵp o bobl yn sefyll yn llonydd. Rwy wedi'u gwneud nhw'n ddisymud yn fwriadol er mwyn ceisio cyfleu llonyddwch a bywyd hamddenol pobl y wlad. Mae'r gymdeithas gymdogol bob amser yn hamddenol. Mewn marchnad, ffair, angladd a phriodas nid

caethweision i ruthr y byd modern yw'r bobol
hyn ond rhan o gymdeithas wâr y mae bod yn
hamddenol yn un o'i phrif nodweddion.

Mewn ambell lun rwy wedi darlunio naill ai
unigolyn yn sefyll ar ei ben ei hun neu unigolyn
yn sefyll ar wahân ar gyrion grŵp. Yn aml mae'r
cymeriadau hyn yn syllu i'r pellterau, ac yn
symbolau o unigrwydd hanfol dyn.

Roedd fy ngwaith yn darlunio ffencstri lliw
yn werthfawr i mi yn ogystal â hyfforddiant

Y Dymestl

Cobyn Du

March Du Talsarn
▾ Gwreichion

Bill Price am y meistri clasurol. Mewn llun megis 'Owain Glyndŵr ym Mhennal' mae elfennau o'r llun yn cael eu pwysleisio'n fwriadol.

Does dim lle i beiriannau na thechnoleg yn fy lluniau a byd natur yn ei gyntefigrwydd sydd ynddyn nhw. Byd awyr agored ydyw – haul, awyr, tirwedd – y pethau oesol. Fe greda i mai rhywle fan hyn mae hanfod bywyd nid yn ffalster arwynebol dyfeisiau dyn.

Mae anifeiliaid yn bwysig i fi yn enwedig y ci a'r ceffyl, dau gyfaill hynaf dyn, ac rwy wedi treulio oriau yn tynnu lluniau cŵn a cheffylau.

Mae byd yr ysbryd neu syniad o ddirgelwch bywyd yn bwysig hefyd. Mae Chwedl Llyn y Fan wedi fy ysbrydoli i erioed, ac fe ddefnyddiais i'r lliw glas wrth greu'r darlun 'Llyn y Fan'. Glas, medden nhw, yw lliw'r dwyfol a'r ysbrydol. Ceisiais greu elfen o ddirgelwch ac o hud yn y llun.

Mae yna'r fath beth â sgwrsio dieiriau neu gyfathrebu heb ddweud gair. Teimlaf fod llawer o fy nghymeriadau yn perthyn i'r un byd – ac yn deall ei gilydd mor dda fel nad oes eisiau iddyn nhw sgwrsio hyd yn oed.

Rwy hefyd wedi darlunio pobol syml megis Tomi Gwd Boi, pobol sydd heb fod yn soffistigedig nac yn ddeallus ond sydd eto'n gymeriadau crwn, hoffus.

Mae'r gwacter mewn ambell lun yn fwriadol. Rwy'n meddwl fod gwacter sy'n cyfleu tawelwch yn gallu dweud cyfrolau. Dyw pobol yn fy lluniau i byth braidd yn symud. Maen nhw'n rhan o'r tir – fel petaen nhw wedi tyfu o'r tir. Fel rheol maen nhw'n perthyn i genedlaethau o bobol sy wedi eu gwreiddio mewn ardal arbennig. Mae'r gwacter yn cyfleu'r traddodiad y tu ôl i'r cymeriad.

March Du
▸ Llangeitho (march)

Sir Aberteifi

Toion coch Ceredigion

Sgubor, Ceredigion

Ceredigion

Rwy'n fwriadol yn osgoi bod yn fanwl gywir neu ffotograffig. Er enghraifft, rwy'n gwneud braich pladurwr yn fwy o faint er mwyn pwysleisio'r fraich. Y traed wedyn yn fawr – er mwyn cyfleu bod y cymeriad wedi'i wreiddio yn y tir.

Mae nifer fawr o'r cymeriadau mewn un o ddwy osgo – naill ai'n edrych i'r pellter yn fyfyriol neu wyneb yn wyneb mewn grwpiau. Mae profiad fy mebyd – y gymdeithas glòs a'r cymeriadau cadarn yn y lluniau. Roedden nhw'n agos at natur.

Weithiau mae dyn â'i gefn aton ni'n syllu i'r pellter. Ceisio cyfleu ei fod yn rhan o'r tirlun ac yn agos at natur a'r elfen o ddirgelwch yn ei gylch am nad yw ei wyneb yn y golwg.

Mae ci mewn ambell lun. Rwy'n ceisio dweud rhywbeth am berthynas dyn ac anifail – y berthynas wâr ac agos honno sy'n bodoli mewn cymdeithas naturiol. Mae'r ci yn rhan hanfodol bwysig o fywyd y tir. Roedd y ffermwr a'r ci bron yn un. Roedd y ci yn gymwynaswr ac yn ffrind.

Roedd Richard Vaughan, y nofelydd, yn perthyn i'n teulu ni ac mae ei lyfrau e'n darlunio'r un ardal a'r un bobol ag rwy i wedi eu portreadu mewn paent yn fy lluniau. Rwy'n defnyddio'r un cefndir ag a ddefnyddiodd ef yn ei nofelau – roedden ni'n dau yn dod o'r un mowld. Mae ei waith wedi ei wreiddio yn ardal Llanddeusant a'r Mynydd Du, ac yn bortread byw o'r gymdeithas honno fel y dengys y dyfyniadau hyn o'i waith.

First, it was the mountain, and then the river.

The mountain rose vast and green on the other side of the river.

For me, from the very beginning, the parish was peopled with giants. And horses.

A parish of giants and horses.

But we never referred to a man by his name. The name

Aneurin

Adfail

of his farm was enough. And when the family had lived, generation after generation, in one place, the mood and temper of that place was reflected in them.

A parish of giants and horses. And with something more than this, too. Wherever I went, I met the singers of the parish. It was in the chants in church and the hymns in the chapels that the parish found its voice. And whenever the wind came up from the bottom end of the parish, there came with it the thud of sledges and the ring of anvils.

Mae'r rhan fwyaf o brofiadau fy mywyd yn ddamweiniol, ac mae bywyd yn mynd mewn cylch neu gylchoedd.

Derbyniais gomisiwn i wneud darlun i ddathlu dau gan mlwyddiant Aberaeron yn derbyn ei siartr. Un noson o haf fe gerddes i ar hyd y cei i gasglu syniadau. Roedd yr ymwelwyr yn niferus yno, ond wrth imi fynd heibio un sedd fe glywais rywun yn sôn am Lyn y Fan. Oedais, a gwrando ar y sgwrs cyn ymuno â'r tri pherson yn eistedd ar y sedd. Yn sgil y sgwrs, cefais nid yn unig ddelwedd ganolog i'r darlun, ond hefyd ddeall fod yna berthynas deuluol rhyngon ni! Mae'n rhyfedd sut mae'r

Y tylwyth ger Llyn y Fan

damweiniau hyn yn chwarae eu rhan yn y byd creadigol yn ogystal ag â bywyd yn gyffredinol.

Credaf fod celfyddyd heddiw mewn perygl o fynd yn rhy rhyngwladol a phob cenedl yn cynhyrchu gwaith rhy debyg i'w gilydd, a'u bod wedi colli gafael ar hunaniaeth a ffordd arbennig o edrych ar fywyd.

Ar adegau byddaf yn hoffi dechrau darlun ar gefndir a thonfedd o liw niwtral neu liwiau cynnes, gan ddibynnu ar y testun. Mae hyn yn creu enaid ac awyrgylch i'r darlun cyn dechrau, ac yna bydd y lliwiau'n awgrymu sut y bydd y darlun yn datblygu gan gynorthwyo'r dychymyg. Mae'r elfen ddamweiniol yn chwarae rhan bwysig yn fy ngwaith i.

Un o fy amcanion pennaf fel artist yw ceisio cyfathrebu ag eraill a mynegi'r profiad o fod yn ddyn ac yn Gymro.

Wrth imi sefydlu yn Sir Aberteifi, daeth y cylch yn gyflawn gan fod un gangen o'r teulu yn dod o'r sir yn wreiddiol. Yn yr hafau beth bynnag, pan fyddai'r plant yn fach, byddem yn mynd nôl i Gwm Wysg adeg gwyliau'r ysgol. Byddem yn parcio'r garafán ar y 'waun dan tŷ' ger afon Wysg ar dir Y Pwll, a byddai fy chwaer a'i theulu yn dod o'r gogledd mewn carafán, yn ogystal â 'mrawd a'i deulu o Ystradgynlais hefyd mewn carafán i ymuno gyda theulu'r brawd arall ar y fferm.

Byddai acenion Ffestiniog, Cwm Tawe y 'wes wes' a Chwm Wysg yn atseinio drwy'r dyffryn, a theimlad o undod rhwng y llwyth, a chylch arall yn cael ei chreu.

Un o'r adegau hynny oedd hi, a minnau wedi bod yn ymweld â Chwm Wysg, ac ar y ffordd nôl i gyfeiriad Llanddeusant. Dw i'n cofio stopio'r car ac edrych nôl ar y ffermydd, o fferm Dorallt yr holl ffordd i lawr y dyffryn, a meddwl nad oeddwn i'n un o'r gymdogaeth mwyach. Yn ddaearyddol roeddwn yn byw mewn sir arall, ond er nad oeddwn yn berchen ar unrhyw beth a welwn o'm blaen, roeddwn yn gwybod fy mod yn rhan o'r tir, yn rhan annatod ohono. Ac wedyn, efallai *oherwydd* i mi symud o'r ardal mai hynny yw'r union reswm pam ei bod hi'n mynnu dychwelyd i fy ngwaith celf.

Hoffwn ddiolch yn arbennig i Meirion, fy mab; i Robat, Alun,
Lefi a staff Y Lolfa am eu proffesiynoldeb; i Emyr Llywelyn ac i
ffrindiau a'r teulu am eu hawgrymiadau a'u hanogaeth.

Mae cynnwys y llyfr wedi cael ei ysgogi gan atgofion cynnar.
Fwy na thebyg bod y mwyafrif o'r straeon yma yn hollol
ddieithr i'r genhedlaeth bresennol sy'n byw yn yr ardal
lle'm magwyd. Fy mwriad oedd rhoi blas ar gymeriadau a
digwyddiadau cynnar y cof.